explora!

Cäsar, Bellum Gallicum
Taktiker mit Worten und Waffen

C.C.Buchner Verlag • Bamberg

explora!

Herausgegeben von Thomas Doepner, Marina Keip und Antje Sucharski

Heft 2 Cäsar, Bellum Gallicum – Taktiker mit Waffen und Worten
wurde bearbeitet von Thomas Doepner und Günter Laser.
Texte in hermeneus bearbeitet von Clara Nüßlein

Zu dieser Lektüre sind erhältlich:
Digitales Lehrermaterial click & teach Einzellizenz, WEB-Bestell-Nr. 432121
Weitere Lizenzformen (Einzellizenz flex, Kollegiumslizenz) und Materialien unter www.ccbuchner.de.

Bildnachweis
AdobeStock / MichaelJBerlin – S. 17; akg-images – S. 13, 28, 39 (2), 42 (2); - / Album, Prisma – S. 15; / Fototeca Gilardi – S. 35; - / Erich Lessing – S. 11; - / Nimatallah – S. 10, 43; - / Giuseppe Rava – S. 16; - / Wissenschaftsquelle – S. 10; Alamy Stock Photo / Arterra Picture Library – S. 9; - / Niday Picture Library – S. 41; bpk-Bildagentur / adoc-photos – S. 25; Bridgeman Images / Lebrecht History – S. 36; dpa Picture-Alliance / akg-images – S. 27; - / akg-images, A.Lorenzini – S. 7; - / Mary Evans Picture Library, 20TH CENT FOX, Ronald Grant Arc – S. 5; - / KPA – S. 17; Thomas Doepner, Duisburg – S. 27, 35 (2); Fotolia / LisaKolbasa – Cover; tiff.any GmbH, Berlin – S. 44; iStockphoto / amphotora – S. 10; iStockphoto / Nikada – S. 4; Mauritius Images / Alamy Stock Photo, Art Collection 3 – S. 6; - / Alamy Stock Photo, Eduardo Estellez – S. 30 (15); - / Alamy Stock Photo, Malcolm Fairman – S. 18; - / Alamy Stock Photo, Paul Quezada-Neiman – S. 42.
Sammelfolie „Spot auf Cäsar!" - dpa Picture-Alliance / akg-images

2. Auflage, 1. Druck 2025
Alle Drucke dieser Auflage sind, weil untereinander unverändert, nebeneinander benutzbar. Dieses Werk folgt der reformierten Rechtschreibung und Zeichensetzung. Ausnahmen bilden Texte, bei denen künstlerische, philologische oder lizenzrechtliche Gründe einer Änderung entgegenstehen.

Redaktion: Katrin Brogl
Layout und Satz: ideen.manufaktur | bochum
Illustrationen: Theresa Sucharski
Umschlag: tiff.any GmbH
Druck und Bindung: Brüder Glöckler GmbH, Wöllersdorf

produktsicherheit@ccbuchner.de

www.ccbuchner.de

ISBN 978-3-661-43202-1

Inhaltsverzeichnis

Salvete, cari lectores,

Cäsars Bellum Gallicum – muss man so etwas in der Schule lesen?

Krieg, Kampf und Heldentum ist ein großes Thema in unserer Kultur: Kino, Literatur, auch Spiele! Oder wirf einen Blick auf die Nachrichten: Wie viele Kriege gibt es aktuell und wie überzeugend klingt ihre Rechtfertigung! Muss man aber alles glauben, was geschrieben steht?

Cäsar – ein Held? Dieses Lektüreheft ist auch eines über Cäsar. Es gibt dir die Möglichkeit, dich mit Cäsar und seiner Darstellung des Gallischen Krieges auseinanderzusetzen. Über das Latein bekommst du einen eigenen Blick darauf und fällst dein eigenes Urteil. Und du lernst Cäsars Gegenspieler, die Kelten und die Germanen, kennen.

Vor dir liegt ein **Arbeitsheft**! Also: Schreibe hinein, strukturiere, markiere farbig, ergänze, ... und kommentiere deinen Arbeitsprozess.

Es gibt dabei folgende Arbeitsbereiche, die durch Farben und Symbole voneinander abgetrennt sind.

1. **Einführungskapitel** und abschließende **Interpretationsaufgaben** am Anfang und Ende des Heftes geben den „Roten Faden" der Lektüre vor.
2. **Texterschließung:** Als Einstieg in den Text helfen dir Texterschließungsaufgaben, rasch einen ersten Ein- und Überblick zu erhalten.
3. **Übersetzungsfragen:** Für die Detailübersetzung gibt es zur Wiederholung und Vertiefung der Grammatik und des Wortschatzes Aufgaben, die begleitend erledigt werden können.
4. **Interpretation:** Die Interpretationsaufgaben dienen dazu, den Text besser zu verstehen, zu überlegen, ob die Themen heute noch aktuell sind und auch dazu, die Perspektivität Cäsars zu erkennen. Anwendungsaufgaben ermöglichen sofort die Erprobung deiner neuen Kenntnisse.

Sammelfolien: Damit du bei der Arbeit den Überblick nicht verlierst, gibt es Sammelfolien, die herausgenommen werden können und begleitend – zum Beispiel nach jedem Kapitel – ausgefüllt werden sollten.

Kompetenz-Checkpoints In Puncto: Hiermit kannst du deinen Lernfortschritt überprüfen und dir selbst neue Aufgaben vornehmen, um am Ende den größten Lernerfolg zu haben.

Oben auf den Seiten findest du immer einen Webcode, der zur digitalen Version des lateinischen Textes führt. In den digitalen Texten sind sämtliche Angaben und weitere Hilfestellungen enthalten (Satzanalyse, Schritt-für-Schritt-Übersetzung), auf die du bei der Übersetzung des Textes zurückgreifen kannst. Gib hierzu einfach den fünfstelligen Webcode auf www.hermeneus.eu im Feld rechts oben ein.

Wir wünschen dir viel Erfolg und würden uns freuen, wenn du entdeckst, wie viel Spaß es machen kann, einen lateinischen Text zu entschlüsseln und dabei einen berühmten Selbstdarsteller zu entlarven.

G. Julius Cäsar – Biografie und Mythos

Die 3,35 m große Bronzestatue Cäsars in Rom wurde 1935 errichtet und steht vor dem Forum Julium. Cäsar ließ sich als erster ein eigenes Forum bauen.

G. Julius Cäsar (100 – 44 v. Chr.), Angehöriger der römischen Nobilität, Konsul, Eroberer des freien Galliens und schließlich Diktator auf Lebenszeit, war einer der bedeutendsten Politiker und Generäle der späten Republik und zugleich derjenige, der durch seine Machtpolitik ihren Untergang herbeiführte. Über seinen Adoptivsohn Augustus stand er am Anfang der Julisch-Claudischen Dynastie und übereignete ihm neben seinem Vermögen und den Legionen zugleich sein Cognomen, das in den Titel Caesar und im Mittelalter dann in den Begriff „Kaiser" überging. Und Julius Cäsar ist auch noch heute populär: Asterix, Kleopatra und Cäsar, veni vidi vici, der Rubikon, den man sprichwörtlich überschreitet, und schließlich alea iacta est – wer kennt das nicht? Auf YouTube findet man 800.000 Videos zu ihm und es gibt 54 Mio. Webseiten unter dem Stichwort Cäsar. Shakespeare widmete ihm ein Drama, Händel eine Oper, Bertold Brecht einen Roman und Hollywood mehrere Historienfilme. Heute spielen mitten in Rom Kinder zu Füßen seines im 20. Jh. gefertigten Standbildes. Julius Cäsar – ein warmherziger Politiker, ein machthungriger General, ein verliebter Römer? Wer war Julius Cäsar wirklich?

I1 Cäsars Kurzbiografie

In der späteren Antike wurden römische Kaiser „vergöttlicht" und in den Sternenhimmel aufgenommen. Stell Dir vor: Cäsar bewirbt sich um einen Stern am Himmel. Verfasse für ihn einen Lebenslauf in Stichworten, indem du die zehn wichtigsten Daten und Taten Cäsars anführst!

Pompejus und Cato – Cäsars Gegner

Angehörige der Nobilität verstanden sich als die politischen Sachwalter des römischen Volkes. Ihre Aufgabe war es, in die Politik zu gehen, Heere anzuführen, Gesetze in die Volksversammlung einzubringen und dem Ruhme Roms zu dienen. Sie wetteiferten um die Zustimmung der „normalen" Bürger, die die Möglichkeit hatten, sie in den Volksversammlungen zu wählen. Zwei Konkurrenten Cäsars waren Cn. Pompejus und M. Porcius Cato. Pompejus hatte die Provinz Asia erobert und Rom zu einem gewaltigen Machtzuwachs verholfen. Er verfügte über eine große militärische Klientel. Das waren die Veteranen seiner Kriege, die ihn auch im Frieden unterstützten und zur Not zu den Waffen greifen konnten. Wie Cäsar wollte er der mächtigste Mann der res publica werden. Cato dagegen stand für die Prinzipien der alten Republik. Dazu gehörte es, dass wesentliche Entscheidungen im Senat getroffen wurden, wo jeder eine Stimme hatte. Dies verhinderte, dass einzelne Adelige zu mächtig wurden. Aber die Prinzipien einer Adelsrepublik funktionierten im Weltreich Rom mit seinen vielen Legionen nicht mehr.

Warum führte Cäsar Krieg in Gallien?

58 v. Chr. war das höchst umstrittene Konsulat des Gaius Julius Cäsar vorbei. Cäsar hatte von Anfang an gegen alle Konventionen der römischen Politik verstoßen. So ließ er seinen Mitkonsul Bibulus zuerst mit Mist überschütten und dann durch Schlägertrupps vom Forum verjagen. Oppositionelle Senatoren wurden durch Straßengewalt eingeschüchtert. Cicero witzelte, damals seien alle Entscheidungen im Konsulatsjahr des „Julius" und des „Gaius" entstanden. Aber Cäsars Gegner warteten nur auf das Ende des Amtsjahres, um ihn anzuklagen. Denn ohne Amt verlor Cäsar seine Immunität und musste zehn Jahre warten, um sich erneut zur Wahl zu stellen. Oder er suchte sein Glück als Provinzstatthalter der Gallia Narbonensis. Dort stand ihm eine Legion zum Schutz der Provinz zur Verfügung.

„Ein Provinzstatthalter herrscht unbeschränkt während seiner Amtszeit."

Gallia comata

Die Kelten (auch Gallier, in Kleinasien "Galater") siedelten in Norditalien, im heutigen Frankreich, den Beneluxstaaten, auf den Britischen Inseln, in Teilen Deutschlands und in Kleinasien. Norditalien (Gallia cisalpina) und Südfrankreich (Gallia Narbonensis) waren römische Provinzen.

Mit einzelnen Stämmen (gentes) im freien Gallien (Gallia comata) bestanden Freundschaftsverträge. Mittelpunkt der einzelnen Stammesbezirke waren befestige Siedlungen (oppida). Die Gallier hatten keine gemeinsame Führung und bekämpften sich häufig untereinander.

I2 Formuliere weitere Gedanken Cäsars

Pompejus, Cato ... hier in Rom ist ein ständiger Kleinkrieg. Und alle wollen mich verdrängen ... Ich muss die Innenpolitik im Blick haben. Und Geld brauche ich ...

Gallien, das ist ein reiches Land. Verlockend. Aber: Ich bin dann weit weg. Die Römer werden mich vergessen – wie soll ich dann die nächste Wahl gewinnen?

Cäsar als Schriftsteller

C. Julius Cäsar schrieb commentarii. *Darunter verstand man „private Aufzeichnungen", wie sie z. B. Magistrate zur Dokumentation ihrer Amtsführung anlegten. Dazu gehörten auch die jährlichen Berichte* (litterae), *die die Statthalter an den Senat schickten, um ihre Taten* (res gestae) *zu rechtfertigen. Auch Cäsar schrieb solche* litterae ad senatum*: Sie sollten den Senat in seinem Sinne informieren und daneben die Stimmung in Rom und beim Volk beeinflussen. Das war wichtig, denn der Senat musste das Mandat für Cäsars Amtsführung spätestens nach fünf Jahren verlängern.*

Das Buch de bello Gallico *verfasste Cäsar im Winter 52/51 v. Chr., nach Beendigung des Krieges. Seine Grundlage waren Fakten und Dokumente – und das, was er selbst erfunden hatte. Denn ein neues Buch sollte den Ruhm Cäsars unter allen römischen Bürgern verbreiten, und Cäsar wollte sich für das Konsulat 48 v. Chr. in* absentia *bewerben, also ohne persönlich im Wahlkampf in Rom aufzutreten. Später wurde das Bellum Gallicum allerdings nur noch von Fachleuten rezipiert. Im Mittelalter gehörte es nicht zur empfohlenen Lektüre. Die Person Julius Cäsar wird erst in der Neuzeit als dramatisches Sujet wiederentdeckt. Seit dem 16. Jh. gilt „Der Gallische Krieg" als Muster des einfachen, aber stilistisch guten Lateins und fand so seinen Weg in den Schulkanon.*

C. JULII
CÆSARIS
COMMENTARII
DE BELLO GALLICO
ET CIVILI.
Cum Notis selectis Thomæ Bentleji et Jacobi Jurini.
TOMUS I.
VENETIIS MDCCLXXXIII
Apud Thomam Bettinelli
Cum Facultate ac Privilegio.

So stellte man sich um 1783 Cäsar bei der Abfassung seines Bellum Gallicum vor.

I3 Bellum Gallicum – Dokumentation oder Propagandaschrift?

a) Verfolge diese Fragestellung unter dem Aspekt der Sachlichkeit und Objektivität Cäsars während deiner gesamten Lektüre. Trage deine Beobachtungen in die Sammelfolie „Spot auf Cäsar" ein.

b) Eine gute Dokumentation erfordert eine klare, nüchterne Sprache. Cicero charakterisiert den Stil der commentarii als nudi ..., recti et venusti, omni ornatu orationis ... detracta. Überprüfe diese Behauptung und notiere auf der Sammelfolie „Cäsar als Stilist" Textbelege (lateinisch).

I4 Politiker und Medien heute

Politiker stellen sich auch heute in den Medien (z. B. Twitter) gerne selbst dar. Wähle einige Beispiele und vergleiche sie mit Cäsar.

Bellum Gallicum – Krieg gegen ein fremdes Volk

Cäsars Krieg dauerte acht Jahre und verursachte laut antiken Quellen über 1 Million Tote und zerstörte 800 Ortschaften. Und obwohl die Gallier eine fremde Kultur waren - Cäsars Kriegsführung war nicht unumstritten: Nach der Meinung Suetons (120 n. Chr.) ließ Cäsar keine Gelegenheit zum Kriegführen aus, und sei sie noch so ungerecht und gefährlich; er reizte sowohl verbündete wie feindliche Stämme ohne Grund, so dass der Senat den Beschluss fasste, eine Kommission nach Gallien zu schicken, um dessen Zustand zu erforschen. Der Bericht Suetons zeigt, dass es in Rom eine Diskussion darum gab, wann ein Krieg gerecht ist.
Die Römer kannten die Gallier aus den Erzählungen über die Vergangenheit als wilde Barbaren, die alles Heilige schänden. Allein schon die römische Provinz Gallia Narbonensis *galt als gefährlich, und das eigentliche Gallien, die nördlich daran grenzende* Gallia comata, *war völlig unbekannt. Die Nachrichten, die infolge von Cäsars Kriegszug nach Rom drangen, wurden begierig verschlungen. Es war die Begegnung mit einer völlig fremden, vielleicht bedrohlichen Kultur.*

Ein römischer Legionär greift einer flüchtenden Frau in die Haare (Relief der Mark Aurel-Säule, 2. Jh.) Nach Cicero darf ein gerechter Krieg zwar nicht grausam gegenüber der Zivilbevölkerung sein, aber das war die Theorie.

bellum – Krieg – war – guerre – savaş – המחל – حرب – 战争 – oorlog – wojna – πόλεμος ...
... Krieg ist kein Fremdwort, ihn kennt jede Kultur

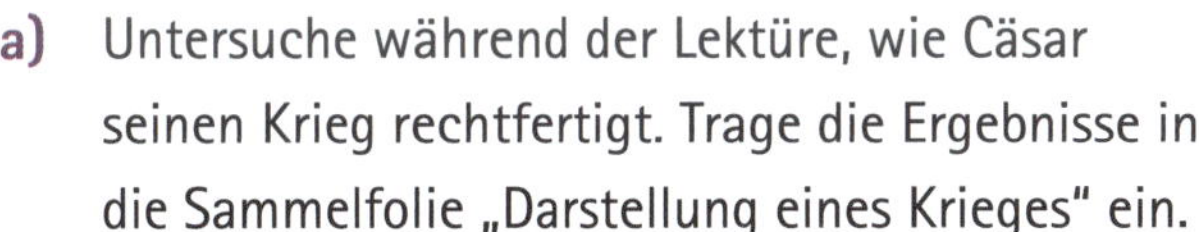

Bellum iustum

Laut Platon und Aristoteles galten Kriegsregeln nur für die Kämpfe der Griechen untereinander, nicht aber für Kriege gegen Barbaren. Diese durften im Krieg sogar versklavt werden. Zur Zeit Cäsars hat Cicero ein eigenes, römisches Konzept für einen gerechten Krieg dargelegt. Eine Unterscheidung zwischen Römern und Nicht-Römern trifft Cicero dabei nicht. Ein Krieg ist gerechtfertigt, wenn

1. er aus einem gerechten Grund heraus entsteht. Das kann sein, um Feinde abzuwehren, um sich gegen erlittenes Unrecht zur Wehr zu setzen oder um Verbündete zu schützen; außerdem müssen vor dem Krieg Verhandlungen geführt werden und er muss vorher angekündigt sein und den Frieden zum Ziel haben.
2. die Kriegsführung nicht unnötig grausam ist.
3. besiegte Feinde maßvoll behandelt werden.

I5 Bellum iustum – in der Antike und im 21. Jh.

a) Untersuche während der Lektüre, wie Cäsar seinen Krieg rechtfertigt. Trage die Ergebnisse in die Sammelfolie „Darstellung eines Krieges" ein.

b) Vergleiche Cäsars Darstellung mit der Rechtfertigung heutiger Kriege.

Gallien war für die Römer zu Zeiten Cäsars ein unbekanntes Land. Außer ein paar Händlern war dort noch nie ein Römer gewesen.

T1 Was würdest du als Römer von einem Vorwort zum Thema „Gallischer Krieg" erwarten? Stelle Vermutungen auf.

Gallia est omnis divisa in partes tres,
quarum unam incolunt Belgae,
aliam Aquitani,
tertiam,
qui ipsorum lingua Celtae,
nostra Galli appellantur.
Hi omnes lingua, institutis, legibus inter se differunt.
Gallos ab Aquitanis Garunna flumen,
a Belgis Matrona et Sequana dividit.
Horum omnium fortissimi sunt Belgae,
propterea quod a cultu atque humanitate provincia<e> longissime absunt
minimeque ad eos mercatores saepe commeant
atque ea,
quae ad effeminandos animos pertinent,
important
proximique sunt Germanis,
qui trans Rhenum incolunt,
quibuscum continenter bellum gerunt.
Qua de causa Helvetii quoque reliquos Gallos virtute praecedunt,
quod fere cottidianis proeliis cum Germanis contendunt,
cum
aut suis finibus eos prohibent
aut ipsi in eorum finibus bellum gerunt.

omnis *prädikativ* als Ganzes, in seiner Gesamtheit • incolere (be)wohnen

qui = ii, qui • ipsorum lingua in ihrer eigenen Sprache nostra (lingua)

institutum 🕮 • Garunna, Matrona, Sequana *(Namen von Flüssen; heute Garonne, Marne und Seine)* • Belgae die Belger

propterea quod deswegen, weil • cultus, us 🕮 • humanitas, atis 🕮 • provincia die (römische) Provinz Gallia Transalpina *(heutige Provence)* • minime saepe ganz selten • mercatores Kaufleute, Händler • commeare = venire • ad effeminandos animos pertinere zur Verweichlichung beitragen

trans *Präp. m. Akk.* über ... hinaus, jenseits • continenter andauernd • qua de causa deswegen • praecedere = superare • cottidianus täglich

cum *Subj.* indem

suis finibus = a suis finibus

T2 Die Vorstellung des neuen Landes

a) Trage in die Karte (→ S. 44) Cäsars Informationen über Gallien ein. Vergleiche sie mit der antiken Karte.

Antike Geografie

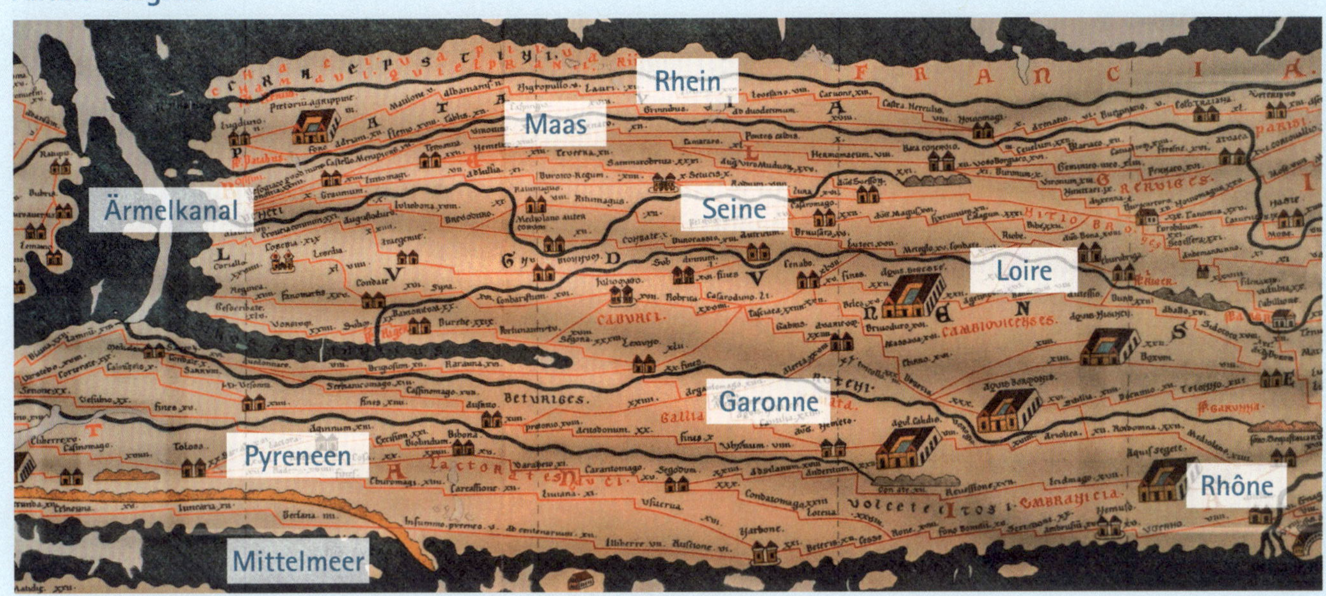

Gallia nach der sog. Tabula Peutingeriana (Osten ist oben auf der Karte).

Seit dem Hellenismus galt die Kugelgestalt der Erde als erwiesen und griechische Gelehrte hatten geografische Darstellungen von Nordafrika, Europa und Asien erstellt. Aber für den normalen Römer beschränkten sich die Geografiekenntnisse auf seine Landgüter und die für Handel und militärische Operationen zurückzulegenden Wege. Karten, in unserem heutigen Sinne, waren unbekannt – in unserer Welt undenkbar. Die Tabula Peutingeriana, vermutlich auf Illustrationen zu einer antiken Weltbeschreibung zurückgehend, zeigt, wie das geografische Bild eines Römers ausgesehen haben mag.

b) Stell dir vor, du müsstest das Proömium verfilmen. Halte die Informationen Schritt für Schritt fest. Wie müsste die Kamera geführt werden?

Z. ___ - ___	Kameraführung	lat. Textbelege	Hauptgedanken

c) Vergleiche jetzt Textanfang und Textende. Was stellst du fest?

Ü1 Wortschatzarbeit

a) Sachfeld „Staat und Gesellschaft“: lex, institutum, provincia ...
Ergänze die Reihe mit vier oder mehr Begriffen aus dem Text.

b) Irrläufer! Streiche den Ausdruck, der nicht passt.
Gib jedem Sachfeld einen Titel.

bellum gerere – contendere cum Germanis – finibus eos prohibere – trans Rhenum incolunt

____

unam – aliam – tertiam – omnes

____

proximi sunt – virtute praecedunt – longissime absunt – minime ad eos commeant

____

Ü2 Ablative übersetzen – mit der richtigen Präposition

Ordne die folgenden Ablative jeweils richtig zu.
Ein Feld bleibt leer!

institutis inter se differunt – a cultu ... absunt – ii lingua ipsorum Celtae appellantur – virtute praecedere

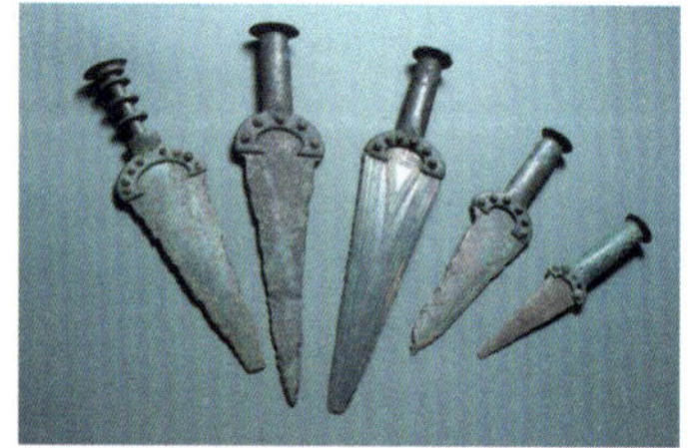

Abl. instrumentalis
Womit? Wodurch? Wie? Warum?

Abl. separativus
Wovon? Woher?

Abl. temporis, Abl. loci
Wo? Wann?

Ü3 Pronomina erkennen und verstehen

a) Setze die Tabelle für die **fett** gedruckten Pronomen fort.

Pronomen	Kasus, Numerus, Genus	Bezugswort
quarum unam incolunt Belgae	*Genitiv Plural, f*	*partes tres*
Hi omnes ... inter se differunt		
Horum omnium fortissimi sunt Belgae		
ad **eos** mercatores saepe commeant		
quibuscum bellum gerunt		

I1 Die Bedeutung des Proömiums für Cäsar

Als römischer Leser hast du den Bericht Cäsars gehört. Bist Du motiviert für die Lektüre? Begründe.

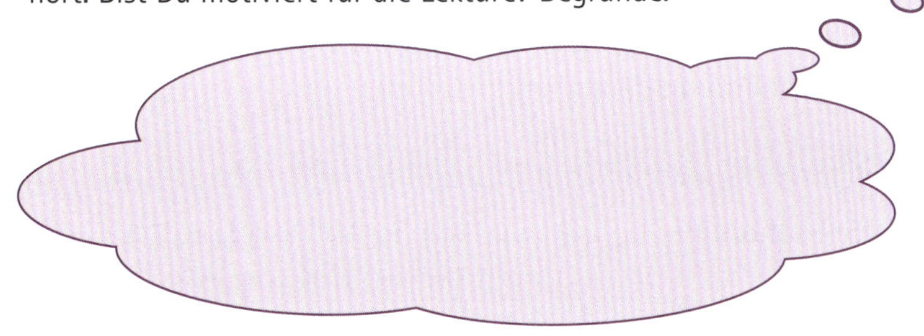

I2 Die Darstellung der Gegner bei Cäsar

a) Untersuche den Text auf direkte (z. B. Adjektive) und indirekte Charakterisierungen (z. B. Handlungen) und zeige, welche Eigenschaften die Bewohner Galliens auszeichnen.

Direkte Charakterisierung	Indirekte Charakterisierung

b) Cäsar unterstreicht seine Aussage mit wenigen, aber präzis gesetzten Stilmitteln. Schreibe zwei Beispiele aus dem Text heraus und erläutere deren Wirkung.

I3 Pressekonferenz auf dem Forum.

Bei der Vorstellung seines neuen Buches „de bello Gallico" muss sich Cäsar der kritischen Öffentlichkeit stellen. Formuliere Fragen dafür.

Text 2 An der Arar

6jn62 

58 v. Chr. wanderte der Stamm der Helvetier (Helvetii – sie wohnten in der heutigen Schweiz) nach Gallien aus. Die Häduer (Haedui), Bundesgenossen der Römer, fühlten sich bedroht und schickten Gesandte zu Cäsar um Hilfe. Cäsar erkannte, dass dies ein guter Grund sei, in Gallien einzufallen, und rückte vor. Die Helvetier sollten nach seinen Informationen am Ufer der Saone stehen.

Flumen est Arar, quod per fines Haeduorum et Sequanorum in Rhodanum influit, incredibili lenitate, ita ut oculis in utram partem fluat, iudicari non possit. Id Helvetii ratibus ac lintribus iunctis transibant. Ubi per exploratores Caesar certior factus est tres iam partes copiarum Helvetios id flumen traduxisse, quartam vero partem citra flumen Ararim reliquam esse, de tertia vigilia cum legionibus tribus e castris profectus ad eam partem pervenit, quae nondum flumen transierat. Eos impeditos et inopinantes adgressus magnam partem eorum concidit; reliqui sese fugae mandarunt atque in proximas silvas abdiderunt.

Is pagus appellabatur Tigurinus; nam omnis civitas Helvetia in quattuor pagos divisa est. Hic pagus unus, cum domo exisset, patrum nostrorum memoriā L. Cassium consulem interfecerat et eius exercitum sub iugum miserat. Ita sive casu sive consilio deorum immortalium, quae pars civitatis Helvetiae insignem calamitatem populo Romano intulerat, ea princeps poenam persolvit. Qua in re Caesar non solum publicas, sed etiam privatas iniurias ultus est, quod eius soceri L. Pisonis avum, L. Pisonem legatum, Tigurini eodem proelio quo Cassium interfecerant.

Arar, aris Arar *(heute Saone, Zufluss der Rhone)* • Rhodanus Rhone *(Fluss in Gallien)* influere Ü1 • lenitas, tatis *f* Langsamkeit, Trägheit • fluere Ü1 • ratibus ac lintribus iunctis *Abl.* mit Schiffen und mit Kähnen, die verbunden waren • explorator, oris Kundschafter • ubi als • Caesar certior factus est *m. AcI* Cäsar ist benachrichtigt worden, dass • Helvetius, a, um *Adj. zu* Helvetii • traducere (-o, -duxi, -ductum) = trans + ducere • citra *Präp. m. Akk.* diesseits *(auf der Flußseite, wo auch Cäsars Truppen stehen)* • de tertia vigilia *Abl.* um die dritte Nachtwache *(nach Mitternacht)* impeditus 📖 • inopinantes Ü1 • concidere 📖 • sese = se mandarunt=mandaverunt abdere (-do, -didi, -ditum) 📖 pagus „Kanton" *(hier Teil des Großstammes der Helvetier)* • unus als einziger L. Cassius Longinus *(Konsul des Jahres 107 v. Chr., in dem er auch starb)* sub iugum mittere unter das Joch schicken, versklaven • sive ... sive sei es ... sei es, vielleicht ... vielleicht *(Paarbegriff, bindet zwei Gedanken)* • quae pars ... ea *ordne:* ea pars, quae ... • insignis, e 📖 • calamitas, atis 📖 • princeps *hier Adj.* als erste • persolvere 📖 qua in re *Konjunktion* daher, deshalb • ultus est (*Deponens*) er hat gerächt • eius soceri L. Pisonis avus der Großvater seines Schwiegervaters L. Piso • Tigurini die Tiguriner • eodem ... quo in demselben ... wie

T1 Erschließung über Menschen und Taten

Zug der Helvetier zur Ansiedlung in das noch freie Gallien (Anlass des Gallischen Krieges). Kupferstich von Matthäus Merian d. Ä. (1593–1650).

a) Die Auswanderung der Helvetier hat immer wieder Künstler zur Darstellung angeregt. Untersuche das Bild auf Personen und Personengruppen. Welche Sichtweise hat der Künstler auf den Helvetierzug?

b) Untersuche Cäsars Darstellung der Personen und Personengruppen und ordne diesen – sofern möglich – Handlungen zu.

Personen	Handlung
Helvetii …	…

c) Formuliere eine erste Vermutung über den Ablauf der Ereignisse bei Cäsar. Welche Fragen stellen sich dir als kritischem Leser?

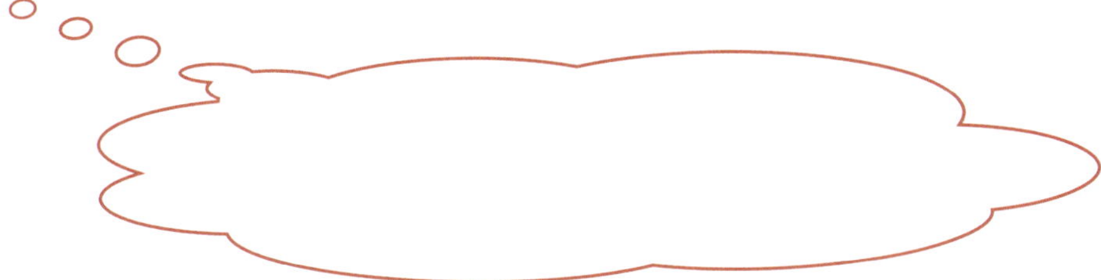

T2 Vordergrund- und Hintergrundhandlung

Gliedere den Text in Sinnabschnitte. Begründe am Text (Konnektoren, Wechsel der Subjekte, Tempora).

Ü1 Wortfamilien

Hier wechselt die Wortart! Doch die Bedeutung kann man ableiten.

credere → credibilis → in-credibilis = ...

relinquere → reliquus = ...

mors → mortalis → immortalis = ...

opinari → opinantes → in-opinantes = ...

fluctus → flumen → fluere → in-fluere = ...

Ü2 Ablative

Unterstreiche den Ablativ und kreuze die Funktion an. Begründe!

	instrumentalis	causae	qualitatis	temporis	separativus
Flumen incredibili lenitate					
id ratibus ac lintribus iunctis transibant					
de tertia vigilia					
cum domo exisset					
sive casu sive consilio deorum					
memoriā					

Ü3 Pronomen und Bezugswort

Unterstreiche das Pronomen und sein Bezugswort. Übersetze.

Flumen est Arar, quod per fines Haeduorum et Sequanorum in Rhodanum influit.

....

(Caesar) ad eam partem pervenit, quae nondum flumen transierat.

....

Ü4 Wortgruppen bilden

Schon gewusst? Biem Leesn nimt edr Mesnch nciht Bcuhsatben, snoedrn
Wötrre nud Wotrguprpen war. Es raihct, di Render zu erknnen!
Daher die Übung: Umkreise Wortgruppen!

... ubi per exploratores Caesar certior factus est tres iam partes copiarum Helvetios id flumen traduxisse

... eos impeditos et inopinantes adgressus magnam partem eorum concidit ...

... qua in re Caesar non solum publicas sed etiam privatas iniurias ultus est ...

I1 Perspektivwechsel und Objektivität

a) Verfasse ein Telegramm (für Brieftauben) nach Rom (20 Wörter), in dem du skizzierst, was an der Arar geschehen ist.

b) Berichte aus der Sicht eines überlebenden Tiguriners (fünf Sätze, denn du bist sehr erschöpft) von dem Überfall an der Arar.

Mögliches Szenario an der Arar (Ausschnitt aus einer Darstellung der Niederlage der Teutonen 102 v. Chr. gegen die Römer)

I2 Die Darstellung des Krieges

a) Krieg ist ein blutiges Geschäft, denn es geht um necare, interficere, occidere, caedere, conficere, perire etc.
Untersuche, welche Wörter in dem Text dafür verwendet werden.

b) Was steht bei Cäsar im Mittelpunkt der Darstellung? Trage die Sätze von Z. 1-10 in eine Spannungskurve ein.
Wähle geeignete Bezeichnungen (z. B. lieblich, grausam, energisch ...).

I3 Die Rechtfertigung des Krieges 

a) Mit welchen zwei Argumenten rechtfertigt Cäsar seinen Angriff? Führe Textbelege an und vergleiche mit den Vorstellungen der Römer (→ S. 7) zu einem gerechten Krieg.
(→ Sammelfolie „Darstellung eines Krieges")

b) Recherchiere gegenwärtige Ereignisse und untersuche, wie aktuell Cäsars Argumentation ist.

Im ersten Kriegsjahr hatte Cäsar die Helvetier besiegt und überwinterte in Gallien. Im Folgejahr verbündeten sich alle Stämme der Belger gegen die Römer. Cäsar bekämpfte sie einzeln; an der Sabis (Sambre) wollte er mit acht Legionen auf die Nervier treffen, nach seinen Angaben 50.000. Als er sie dort nicht sah, ließ er seine Soldaten ein Lager mit Wall und Graben anlegen. Doch dabei griffen leichtbewaffnete und flinke Gallier schnell aus den Wäldern heraus an.

T1 Was würdest du jetzt von deinem Feldherrn erwarten?

....

Rekonstruktionszeichnung von Giuseppe Rava, 1998.

Caesari omnia uno tempore erant agenda: vexillum proponendum, quod erat insigne, cum ad arma concurri oporteret; signum tuba dandum; ab opere revocandi milites; qui paulo longius aggeris petendi causa processerant, arcessendi; acies instruenda; milites cohortandi; signum dandum. Quarum rerum magnam partem temporis brevitas et incursus hostium impediebat.

(Legati Caesaris) propter propinquitatem et celeritatem hostium nihil iam Caesaris imperium expectabant, sed per se, quae videbantur, administrabant.

Caesar necessariis rebus imperatis ad cohortandos milites, quam in partem fors obtulit, decucurrit et ad legionem decimam devenit. Milites non longiore oratione cohortatus proelii committendi signum dedit. Atque in alteram item cohortandi causā profectus pugnantibus occurrit.

Temporis tanta fuit exiguitas hostiumque tam paratus ad dimicandum animus, ut non modo ad insignia accommodanda, sed etiam ad galeas induendas scutisque tegimenta detrahenda tempus defuerit.

vexillum Ü1 • proponendum <erat> • quod ... oporteret welches das Zeichen war, wenn man eilig bei den Waffen zusammenkommen musste • tuba Ü1 • dandum <erat> revocandi <erant> • qui = *milites, qui* • agger, eris *m* Befestigungsmaterial für den Lagerwall • instruenda <erat> • cohortandi <erat>, cohortari anfeuern • dandum <erat> brevitas, atis *f* Kürze • incursus, us *m* Angriff

(Legati) ... administrabant Cäsars Unterfeldherren warteten wegen der Nähe und Schnelligkeit der Feinde nicht mehr Cäsars Befehl ab, sondern erledigten von sich aus, was ihnen erforderlich schien. • Caesar ... decucurrit Nachdem Cäsar das Notwendige befohlen hatte, lief er zu dem Teil seiner Soldaten, welchen ihm das Schicksal anbot • devenire herabkommen, sich hinwenden • Milites ... cohortatus Nachdem er die Soldaten mit einer nicht allzu langen Rede angefeuert hatte •

exiguitas, atis *f* Kürze • dimicare um die Entscheidung kämpfen • accommodare anlegen • galea Ü1 • induere aufsetzen • scutum Ü1 • tegimentum Bedeckung, Schutzhülle • detrahere abziehen

T2 Der Ablauf der Schlacht

In der Antike vermittelten Handbücher die Kunst des Kriegführens auch unerfahrenen Senatoren in einem schnellen Überblick. Noch heute lässt sich aus der Epitoma rei militaris des Flavius Vegetius erkennen, was antike Feldherren bei der Vorbereitung einer Schlacht beachten sollten.
Kreuze die Regeln an, an die Cäsar sich gehalten hat!

- I Vor jeder Schlacht ist ein Lager mit Gräben und Wällen anzulegen. ☐
- II Das halbe Heer befestige das Lager; der Rest ist in Schlachtordnung aufzustellen. ☐
- III Beim Herannahen eines Feindes darf keine Verwirrung aufkommen. ☐
- IV Der Feldherr führe die Soldaten in ordentlichen Schlachtreihen gegen den Feind. ☐
- V Die Soldaten müssen an Kopf und Leib gut geschützt sein, um tapfer zu kämpfen. ☐
- VI Vor einer Schlacht feuere der Feldherr seine Soldaten durch eine Rede an. ☐
- VII Der Feldherr gebe die Kommandos hinter den Linien von erhöhter Position aus. ☐

T3 Voll nervig, diese Nervier!

Eine Schlacht zum Haare-Raufen – und was nicht alles zu tun ist! Erstelle Cäsars „To do-Liste".

Legionäre und Nervier

Legionäre waren mit Helm, Kettenhemd und Schild schwer gepanzert und kämpften in geschlossener Formation. Fechthiebe waren gut eintrainiert. Unterstützt wurden sie von Spezialeinheiten, die aus der Distanz kämpften (Bogenschützen, Schleuderer) und von Geschützen. Die Reiterei aus Söldnern griff überraschend an und verfolgte Flüchtende.

Bei den Galliern unterscheidet Cäsar zwischen adeligen Reiterkriegern und ihrem oft nur mit Schild und Lanze leicht bewaffneten Gefolge, das zu Fuß kämpfte. Gallische Heerhaufen waren dadurch sehr beweglich und schnell. Jeder kämpfte, so gut er konnte. Anders als bei den Römern gab es bei den Galliern keine Berufssoldaten.

Ü1 Sachfeld Kampf und Krieg

a) Beschrifte das Bild mit den Wörtern:
arma – milites – acies – insignia – scutum – galea

b) Erstelle eine Mindmap zum Begriff „Kämpfen" mit lateinischen Wörtern.

PUGNARE

Ü2 Omnia agenda sunt – nd-Formen I

In den Zeilen 1-6 kommen viele nd-Formen mit esse vor. Übersetze diese wie im Muster. Grundprinzip: nd-Form + esse – etwas tun müssen

omnia erant agenda	alles musste getan werden
signum dandum (erat)	
milites revocandi (erant)	
qui arcessendi (erant)	
acies instruenda (erat)	

Ü3 Omnia agenda sunt – nd-Formen II

Auch in den Zeilen 4-16 kommen nd-Formen vor. Hier sind sie aber Ersatz für den deklinierten Infinitiv (Gerundium). Übersetze wie im Muster.

aggeris petendi causa	um den Schutzwall anzugreifen
ad cohortandos milites	um ...
proelii committendi signum	Das Zeichen ...
cohortandi causa	um ...

I1 Cäsars Darstellung der Schlacht

a) Erkläre, welche Wirkung die häufige Verwendung der nd-Formen für die Darstellung Cäsars hat. Beziehe dafür Ü1 mit ein.

b) Untersuche besonders Z. 1 und Z. 17 und erläutere, wie Cäsar eventuelle Abweichungen vom Handbuch begründet.

c) Analysiere, wer die Verantwortung für den Schlachtablauf trägt. Erörtere, wie Cäsar sprachlich-stilistisch seine eigene Rolle bewertet.

I2 Das Wüten des Krieges

Der römische Autor Lukan schrieb im ersten Jahrhundert über die Schlacht von Pharsalos, in der Cäsar 48 v. Chr. Pompejus schlug (7, 621-630).

Es ist beschämend ...
zu fragen, durch wessen Eingeweide
die Tod bringende Verwundung eintrat,
wer auf die Eingeweide trat,
die über dem Erdboden vergossen waren, ...
wer erschlagen zusammenbrach,
wer noch aufrecht stand,
während seine Gliedmaßen von ihm abfielen ...
oder wen die Lanze auf den Feldern festbohrte,
welches Blut ...
durch die Luft spritzte und
auf die Waffen seines Feindes fiel,
wer die Brust eines Bruders durchschlug und,
um den bekannten Leichnam berauben zu können,
den abgetrennten Kopf weit weg warf,
wer den Kopf seines Vaters zerfetzte
und durch allzu großen Jähzorn
den Zuschauern bewies, dass der,
den er abschlachtete,
gar nicht sein Vater war.

a) Vergleiche Lukans Darstellung einer Schlacht mit der Cäsars. Was ist Cäsar als Schriftsteller wichtig?

b) Beurteile, wie Krieg bei Cäsar und Lukan bewertet wird. Trage dein Urteil in die Sammelfolie „Darstellung eines Krieges ein".

Text 4 Pullo und Vorenus

fciv8 

Der Widerstand der Gallier zieht den Krieg in die Länge. Im Winter 54 / 53 v. Chr. werden die Römer bei Atuatuca belagert. Die Situation ist verzweifelt ernst, aber im römischen Lager gibt es auch zwei sehr mutige Zenturionen, denen der Kampf recht gelegen kommt …

T1 Nenne Gründe, warum sich Menschen mit Waffen bekämpfen.

- ☐ für Gerechtigkeit?
- ☐ aus Geldgier?
- ☐ aus Notwehr?
- ☐ aus ....?

Hi perpetuas inter se controversias habebant, uter alteri anteferretur, omnibusque annis de loco summis simultatibus contendebant. Ex his Pullo, cum acerrime ad munitiones pugnaretur, "Quid dubitas," inquit, "Vorene? Aut quem locum tuae probandae virtutis exspectas? Hic dies de nostris controversiis iudicabit." Haec cum dixisset, procedit extra munitiones, quaeque hostium pars confertissima est visa, eam irrumpit. Ne Vorenus quidem sese vallo continet, sed omnium veritus existimationem subsequitur. Tum mediocri spatio relicto Pullo pilum in hostes immittit atque unum ex multitudine procurrentem traicit. Quo percusso exanimatoque hunc scutis protegunt hostes, in illum universi tela coniciunt neque dant regrediendi facultatem. Transfigitur scutum Pulloni et verutum in balteo defigitur. Avertit hic casus vaginam et gladium educere conanti dextram moratur manum, impeditumque hostes circumsistunt. Succurrit inimicus illi Vorenus et laboranti subvenit. Ad hunc se confestim a Pullone omnis multitudo convertit: illum veruto transfixum arbitrantur. Gladio comminus rem gerit Vorenus atque uno interfecto reliquos paulum propellit. Dum cupidius instat, in locum deiectus inferiorem concidit. Huic rursus circumvento subsidium fert Pullo, atque ambo incolumes compluribus interfectis summa cum laude sese intra munitiones recipiunt.

Hi = Titus Pullo et Lucius Vorenus • controversia Streit • uter alteri wer von beiden • anteferre 📖 • de loco um den Vorrang • simultas, atis *f* Rivalität

tuae probandae virtutis = ut tuam virtutem probes • virtus, utis *f* 📖

quaeque pars hostium … = in eam partem hostium irrumpit, quae confertissima est visa • confertus dicht gedrängt • irrumpere einbrechen • ne … quidem *hier* auch … nicht • se vallo continere sich von der Umwallung des Lagers zurückhalten lassen • existimatio, onis *vgl.* existimare • subsequi unmittelbar folgen • mediocris, e mittelmäßig, gering • pilum Wurfspieß • immittere in schleudern gegen • procurrere nach vorne laufen • traicere schleudern • percutere durchbohren • exanimatus leblos • scutum Schild • protegere schützen • regredi zurückkehren • facultas, atis *f* Möglichkeit • transfigere durchbohren • verutum Wurfspieß • balteus Gürtel • defigere hineinstecken • avertere abwenden • vagina Schwertscheide • impeditus schwer bepackt, noch nicht kampfbereit • circumsistere umstellen, sich herumstellen • succurrere zur Hilfe eilen • subvenire zur Hilfe kommen, beistehen • confestim sofort • comminus Mann gegen Mann, im Nahkampf • rem gerere 📖 • propellere wegstoßen • de-icere (-icio, -ieci, -iectum) niederwerfen • inferior, ius tiefer gelegen • concidere zusammenbrechen • subsidium Hilfe •

T2 Der Ablauf des Kampfes

Analysiere den Text nach den handelnden Personen: Wer macht was? Achte auf die Prädikate und notwendige Ergänzungen. Gib den Textinhalt mündlich mit eigenen Worten wieder.

Zeile	Pullo	Pullo und Vorenus	Vorenus	Gallier
1-2		*controversias habebant*		
3-4		*contendebant*		
5-6	*dixisset procedit*			
7-8				
9-10				
11-12				
13-14				
15-16				
17-18				
19-20				
21-22				

T3 Der Ablauf des Kampfes

Vergleiche die Aussage des Anfangssatzes mit dem Schlusssatz der Erzählung: In welcher Beziehung stehen Pullo und Vorenus vor den Kämpfen und in welcher danach?

Ü1 Steigerung

Trage die gesteigerten Adjektive in die folgende Tabelle ein und ergänze die Formen im Positiv und Komparativ bzw. Superlativ.

Positiv	Komparativ	Superlativ

Ü2 Verbformen zum Abschießen

Ordne die Formen den entsprechenden Dosen zu.

procurrentem – regrediendi – educere – conanti – impeditum laboranti – occisum deiectus

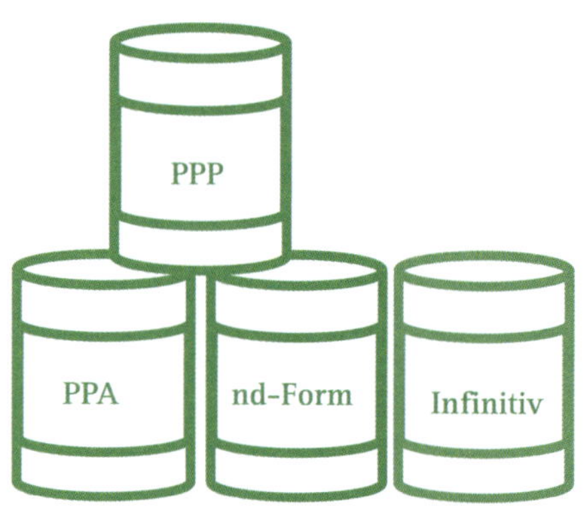

Ü3 Satzwertige Konstruktionen

Kreuze an, welche Konstruktion jeweils vorliegt.

	Pc	Abl. abs.	AcI	NcI
mediocri spatio relicto				
illum veruto transfixum (esse) arbitrantur				
huic rursus circumvento				
compluribus interfectis				
pars hostium confertissima visa est				

Die Zenturionen

Ein centurio kommandierte 80 Soldaten. Eine Legion bestand zu Cäsars Zeiten aus 10 Kohorten mit insgesamt 60 centuriones.

Zum Zenturio wurde man durch fortwährende herausragende Tapferkeit im Kampf. Sein Sold betrug das Fünfzehnfache eines einfachen Legionärs. Tapferkeit und Ehre waren unter Soldaten wesentliche Faktoren: Nur wer den Respekt seiner Mitkämpfer genoss, konnte sich in kritischen Situationen auch darauf verlassen, dass sie ihm beistanden und ohne Widerwort seine Befehle ausführten. Bewährte Zenturionen hatten die Möglichkeit aufzusteigen, z.B. zum primipilus.

Sammelfolie: „Spot auf Cäsar!" 

Cäsars Selbst- und Fremddarstellung

a) Trage Beobachtungen, die Cäsars Rolle im Bellum Gallicum positiv hervorheben, zusammen.

b) Wo Licht ist, ist auch Schatten!
Trage Beobachtungen ein, in denen Cäsar etwas verheimlicht oder zu beschönigen trachtet.

Sammelfolie: „Cäsar als Stilist"

a) Notiere Textbelege für Cäsars Stil.
b) Sammle auch Beispiele, in denen er wie ein antiker Historiker schreibt.
c) Bellum Gallicum – Geschichtswerk oder sachliche Darstellung?
Erörtere diese Frage inhaltlich und stilistisch.

Merkmale nach Cicero
(-> S. 7, I3)

Texbeispiele

nudi
(einfach, nackt)
z. B. wenige Varianten, informationsreich ...

recti
(gerade, schlicht)
z. B. direkte Aussage, benennt Dinge beim Namen

ornatu orationis detracta
(unter Weglassung von Redeschmuck)
z. B. keine Stilmittel

venusti
(anmutig, fein)
z. B. klare Sätze, gute Struktur

Merkmale der Geschichtsschreibung

Geschichtsschreibung in der Antike

Als stilistisch geschlossene Erzählung dramatisiert sie ein historisches Ereignis. Eingeschobene Reden und exemplarische Erzählungen verdeutlichen das Beispielhafte und Wesentliche. So gipfeln beispielsweise die Führungsqualitäten eines Feldherrn in einer pathetischen Ansprache an seine Soldaten. Antike Geschichtsschreibung dient dazu, das Verhalten von Gesellschaften und Personen moralisch-politisch zu analysieren. Nicht Objektivität ist für einen römischen Historischer entscheidend, sondern der Anspruch auf Unparteilichkeit (sine ira et studio, Tac. *Ann. 1,1*). Jedes Geschichtswerk enthält daher eine Vorrede, in der der Autor seine politischen-moralischen Positionen, seine eigene Person und sein methodisches Vorgehen offenlegt.

Sammelfolie: „Darstellung eines Krieges“ 

In Rom gab es unterschiedliche Auffassungen zum Thema Krieg – auch kritische!

a) Ordne Beobachtungen aus Cäsars Texten den Aussagen zu.
Ergänze eigene Kästchen.

b) Positioniere dich selber. Formuliere eine Sentenz!

Rechtfertigung des Kriegs als bellum iustum

Pazifismus:
Am Frieden erfreut sich die Ernte: daher, ihr Bauern, betet für ewigen Frieden und friedvolle Führer.
(*Ovid*)

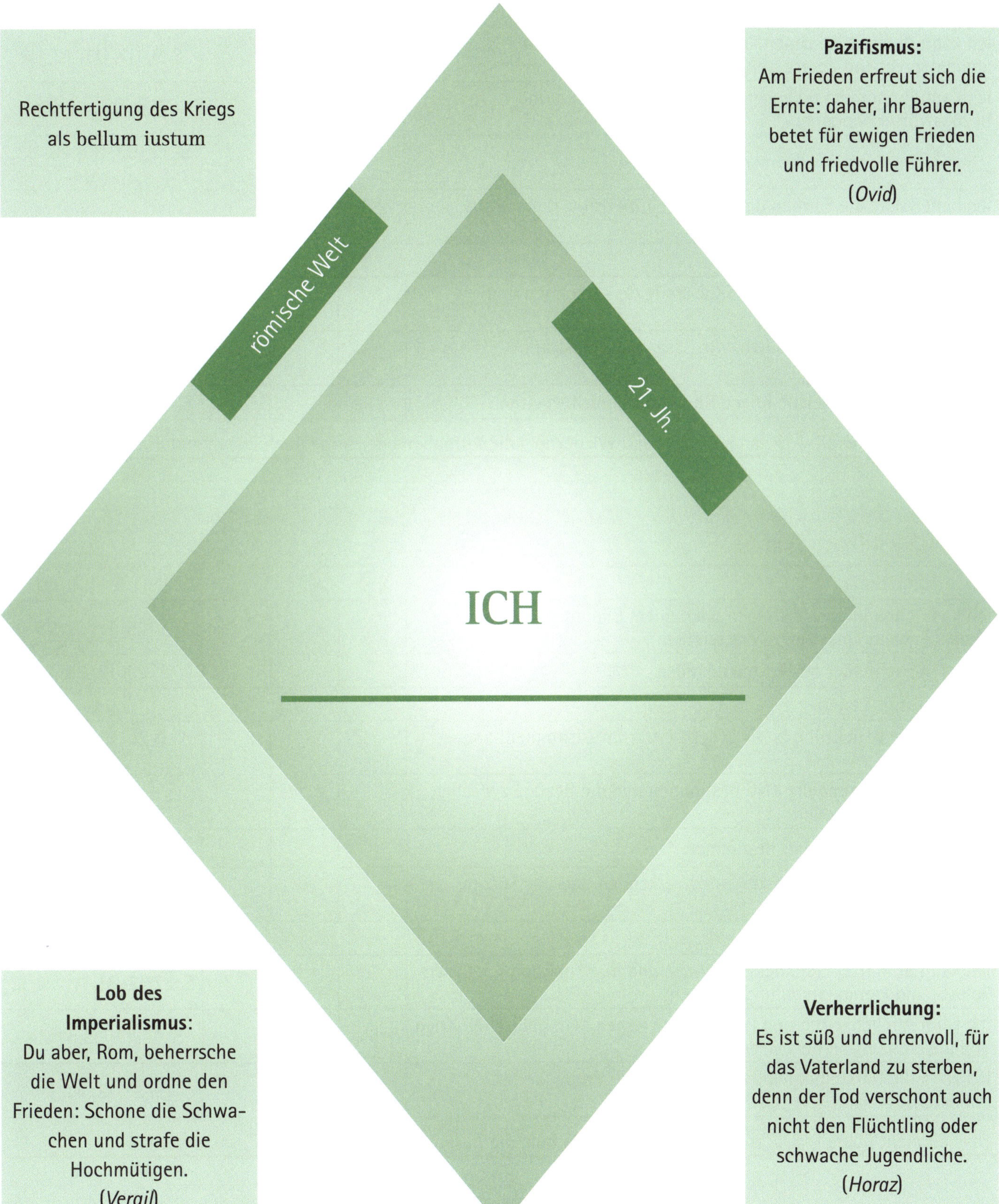

römische Welt

21. Jh.

ICH

Lob des Imperialismus:
Du aber, Rom, beherrsche die Welt und ordne den Frieden: Schone die Schwachen und strafe die Hochmütigen.
(*Vergil*)

Verherrlichung:
Es ist süß und ehrenvoll, für das Vaterland zu sterben, denn der Tod verschont auch nicht den Flüchtling oder schwache Jugendliche.
(*Horaz*)

Kompetenz-Checkpoints In Puncto

IN PUNCTO I (nach Text 4)

Texterschließung	😁	🙂	😮	Wiederholung
Ich kann die Handlung unter konkreten Fragestellungen beschreiben.				S. 13, T1; 17, T1
Ich kann den Ablauf einer Handlung mithilfe von Subjekten und Prädikaten nachvollziehen.				S. 13 T2; 23 T2
Übersetzungsfragen				
Ich kann Ablative erkennen, ihre Funktion zuordnen und dementsprechend übersetzen.				S. 9, Ü2, Ü3; 13, Ü2
Ich kann Pronomina erkennen, ihre Form bestimmen und Bezugswörter benennen.				S. 9, Ü4; 14, Ü3
Ich kann nd-Formen erkennen und übersetzen.				S. 18, Ü2, Ü3; 20, Ü3. Ü4
Ich beherrsche die Formen der Adjektive für Positiv, Komparativ und Superlativ.				S. 20, Ü1
Interpretation				
Ich kann die Spannungskurve in Cäsars Texten erkennen und beschreiben.				S. 15, I2; 23, 4 I1; 19, I1+I2
Ich kann belegen und erklären, wie Cäsar sich selbst und andere darstellt.				S. 11, I1; 15, I4; 23, I1. I2
Ich kann erklären, welche Kriege Römer für gerecht hielten.				S. 11, I4; 15, I3; 23, I3

Falls du nicht überall 😁 angekreuzt hast: Wiederhole die Aufgaben oder frage nach Zusatzmaterial.

IN PUNCTO II (nach Text 9)

Texterschließung	😁	🙂	😮	Wiederholung
Ich kann anhand von Leitfragen oder einem Bildimpuls den Gedankengang eines Textes erschließen.				S. 25, T1; 37, T3
Ich kann Sachfelder aus Texten erstellen.				S. 29, T2; 33, T3
Übersetzungsfragen				
Ich kann die Bedeutung lateinischer Wörter im Zusammenhang erschließen.				S.26, Ü2 + Ü3; 38, Ü1
Ich kann bei Nomina die KNG bestimmen und die Bezüge zwischen den Wörtern herstellen.				S. 38, Ü3; 34, Ü2
Ich kann Prädikate sicher bestimmen.				S.38, Ü2; 34, Ü1
Ich kann syntaktische Konstruktionen erkennen und übersetzen (AcI, Pc, Abl. abs).				S.30 Ü2; 34, Ü4;
Interpretation				
Ich kann Stilmittel erkennen, benennen und ihre Funktion für Cäsars Selbst- und Fremddarstellung erläutern.				S. 27, I2; 31, I1; 35, I2
Ich kann Ähnlichkeiten und Parallelen zwischen dem gallischen Krieg und unserer Zeit an Beispielen aufzeigen.				S. 31, I3; 39, I2+I4;
Ich kann die Darstellung von Machthabern als Propaganda entlarven.				S. 27, I3; 41, I3

Falls du nicht überall 😁 angekreuzt hast: Wiederhole die Aufgaben oder frage nach Zusatzmaterial.

I1 Der Kampf der Zenturionen als Heldengeschichte

a) Gliedere die Geschichte nach den Akten eines klassischen Dramas.
Berücksichtige dabei das Tempusprofil des Textes!

1. Akt, Z. 1–	**Exposition:**	Darstellung der Personen	
2. Akt, Z.	**Komplikation:**	Steigerung	
3. Akt, Z.	**Klimax:**	Höhepunkt	
4. Akt, Z.	**Retardierendes Moment:**	Spannung durch Verlangsamung	
5. Akt, Z.	**Katastrophe:**	Lösung aller Konflikte	

b) Erkläre, warum Cäsar diese Episode in seinen Kriegsbericht einbaut.

I2 Ehre und Pflicht in der Bundeswehr 

a) Stell dir vor, Pullo und Vorenus wären bei der Bundeswehr im Ausland eingesetzt. Würde man ihr Verhalten dort honorieren?
Notiere deine Ergebnisse auf der Sammelfolie „Darstellung eines Krieges".

b) Darf man Soldaten überhaupt ehren? Bedenke neben deiner Meinung Cäsars Position und auch die heutige öffentliche Diskussion.

Soldatengesetz § 7: Der Soldat hat die Pflicht, der Bundesrepublik Deutschland treu zu dienen und das Recht und die Freiheit des deutschen Volkes tapfer zu verteidigen.

Erlass ... über die Stiftung des Ehrenzeichens der Bundeswehr ...: Das Ehrenzeichen der Bundeswehr wird an Soldatinnen und Soldaten als Zeichen der besonderen Anerkennung treuer Pflichterfüllung in Form eines Ordenszeichens verliehen ... 1. als Ehrenmedaille der Bundeswehr für treue Pflichterfüllung und überdurchschnittliche Leistungen nach einer Dienstzeit von sieben Monaten, ... 3. als Ehrenkreuz der Bundeswehr für außergewöhnlich tapfere Taten ...

Text 5 Die Gallier

5z5u4 

Das sechste Kriegsjahr (53 v. Chr.) bot den Römern wenig Erfolge. Die Stämme der Trever, Nervier, Atuatuker und Menapier sowie die linksrheinischen Germanen leisteten beharrlichen Widerstand. Der Krieg wurde erbittert und mit großer Brutalität geführt. Auch der Vorstoß Cäsars über den Rhein ins rechtsrheinische Germanien blieb erfolglos, denn die angegriffenen Sueben zogen sich in die Wälder zurück und hinterließen den Römern nur verbrannte Felder. Cäsar musste sich zurückziehen und seine Rheinbrücke aufgeben.
Was konnte Cäsar nach Rom berichten? Er entschloss sich, einen Teil des Bellum Gallicum der Beschreibung der Kultur der Gallier und der Germanen zu widmen. Der sogenannte „Gallierexkurs" beginnt mit einer Darstellung der Gesellschaftsstruktur.

In omni Gallia eorum hominum, qui aliquo sunt numero atque honore, genera sunt duo.

Gallia Text 1 • aliqui, -quae, -quod *Adj.* irgendein

Nam plebes paene servorum habetur loco, quae nihil audet per se, nulli adhibetur consilio. Plerique, cum aut aere alieno aut magnitudine tributorum aut iniuria potentiorum premuntur, sese in servitutem dicant. Nobilibus in hos eadem omnia sunt iura, quae dominis in servos.

plebes = plebs • haberi loco *m. Gen.* im Range von etwas angesehen werden, den Stand von etwas haben • adhibere hinzuziehen zu etwas, zulassen zu • aes alienum Schulden • tributum Abgabe • potentiores, orum Ü1 • dicare sich übereignen, eintreten in etwas • nobiles, lium Ü1

Sed de his duobus generibus alterum est druidum, alterum equitum. Illi rebus divinis intersunt, sacrificia publica ac privata procurant, religiones interpretantur: ad hos magnus adulescentium numerus disciplinae causa concurrit magnoque hi sunt apud eos honore.

druides, um *n* 📖 • sacrificium Opfer • procurare *m. Akk.* für etwas sorgen • interpretari *Deponens* auslegen, erklären, deuten • disciplina 📖 • concurrere zusammenkommen •

Alterum genus est equitum. Hi, cum est usus atque aliquod bellum incidit (quod ante Caesaris adventum quotannis fere accidere solebat, uti aut ipsi iniurias inferrent aut illatas propulsarent), omnes in bello versantur, atque eorum ut quisque est genere copiisque amplissimus, ita plurimos circum se ambactos clientesque habet. Hanc unam gratiam potentiamque noverunt.

cum usus est wenn es nötig ist • incidere eintreten, sich ereignen • quotannis fere beinahe jährlich • uti = ut •

propulsare zurückschlagen
atque eorum ut ... *ordne:* atque ut quisque eorum est amplissimus genere copiisque • amplissimus = *Superlativ* amplus • plurimus = *Superlativ* multus • ambactus und cliens, tis *m*
(→ Infokasten, S. 30)

T1 Personen und ihre Merkmale

a) Beschreibe in drei Sätzen die wesentlichen Unterschiede der Figuren auf dem Bild.

b) Die Figuren auf dem Bild stehen symbolisch für Personengruppen. Ordne dem Bild Textstellen (Zeilenangaben) und die von Cäsar verwendeten Namen zu.

c) Wodurch unterscheidet Cäsar die Personengruppen? Untersuche den Text auf Sachfelder und Wiederholungen. Notiere zum Bild.

T2 Gedankengang und Textstruktur

a) Begründe die Gliederung des Textes mit sprachlichen Merkmalen und trage die Personengruppen ein.

b) Ergänze die weiteren Felder, ggf. auch erst im Verlauf des genauen Übersetzens.

	Gliederungsmerkmale	genannte Personen	Aufgaben / Tätigkeiten	sozialer Status; die Ursachen dafür
1.				
2.				
3.				
4.				

Ü1 Wortartenwechsel

Erschließe die Bedeutung.

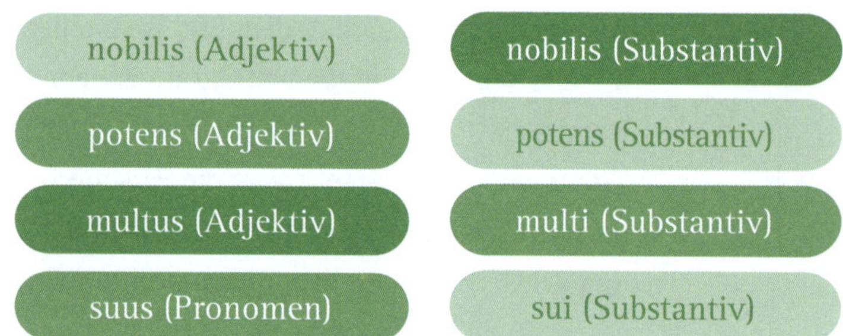

ambacti, clientes und nobiles

ambactus ist eines der wenigen keltischen Wörter, die Cäsar im Bellum Gallicum benutzt. Es haben sich nur wenige Belege für dieses Wort erhalten, denn die Kelten hatten eine mündliche Überlieferungskultur. Cäsar setzt es mit cliens gleich, andere antike Autoren mit servus.

Nach heutiger Ansicht ist der ambactus der Diener oder Gefolgsmann seines adeligen Herren. Er steht in einem rechtlichen Abhängigkeitsverhältnis. Seine Hauptaufgabe war die Unterstützung im Krieg. Die keltische Adelskaste ritt in den Krieg und das Gefolge lief zu Fuß hinterher.

Ü2 Wortbedeutungen machen Geschichte

a) Stelle den Unterschied zwischen servus und cliens heraus. Benutze neben dem Wörterbuch auch Lexika über die Antike!

b) Das keltische Wort ambactus lebt auch heute noch weiter! Informiere dich darüber.

c) Definiere, was Cäsars „militärische Klientel" war.

Ü3 Achtung Sprache: Latein ist nicht Keltisch

Cäsar benutzt lateinische Ausdrücke, um gallische Sachverhalte zu erklären (→ Infokasten). Suche für die lateinischen Wörter zuerst die Grundbedeutung im Wörterbuch heraus. Recherchiere dann, welcher tatsächliche Sachverhalt damit erklärt wird.

	Grundbedeutung	Bei Cäsar bezeichnet dies dagegen:
cliens	Klient	Diener, Gefolgsmann ("ambactus")
plebs		
eques		
nobilis		
genus		

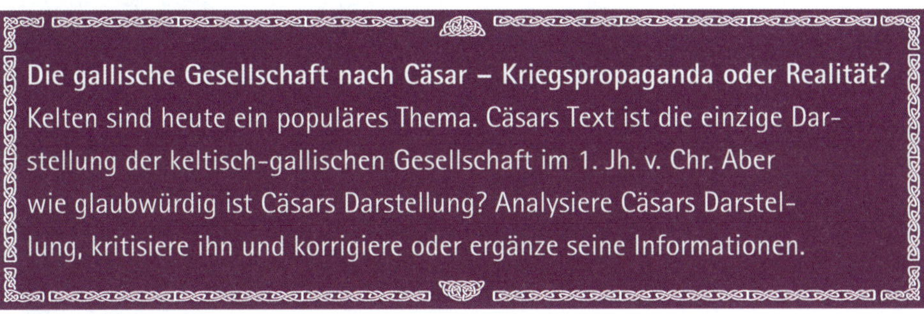

Die gallische Gesellschaft nach Cäsar – Kriegspropaganda oder Realität?
Kelten sind heute ein populäres Thema. Cäsars Text ist die einzige Darstellung der keltisch-gallischen Gesellschaft im 1. Jh. v. Chr. Aber wie glaubwürdig ist Cäsars Darstellung? Analysiere Cäsars Darstellung, kritisiere ihn und korrigiere oder ergänze seine Informationen.

I1 Die gallische Gesellschaft im 1. Jh. v. Chr.

a) Stelle die gallische Gesellschaft in einem Schaubild dar. Wähle dafür eines der vorliegenden Beispiele aus oder zeichne ein eigenes! Beschrifte es und begründe mit dem Text.

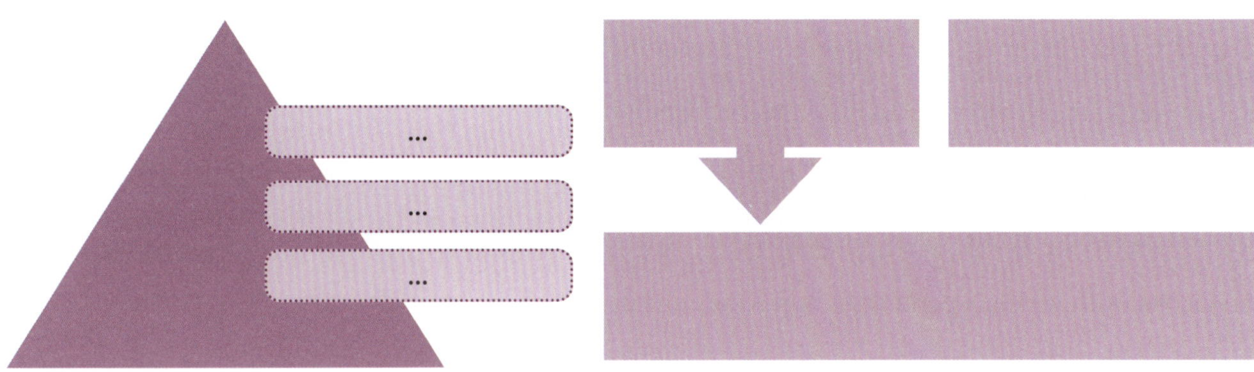

b) Beurteile aus Sicht eines römischen Lesers.

I2 Cäsars Darstellungskunst kritisch hinterfragen

a) Vergleiche Z.13 (iniurias inferrent aut illatas propulsarent) mit Text 2, Z.18-21. Was betont Cäsar bei sich, was betont er bei den Galliern? Berücksichtige dabei auch die Stilmittel.

b) In Text 1 hat Cäsar die Geografie Galliens erklärt – in Text 5 ist es die gallische Gesellschaft. Vergleiche die Texte. Berücksichtige auch Stilmerkmale und erläutere ihre Funktion.

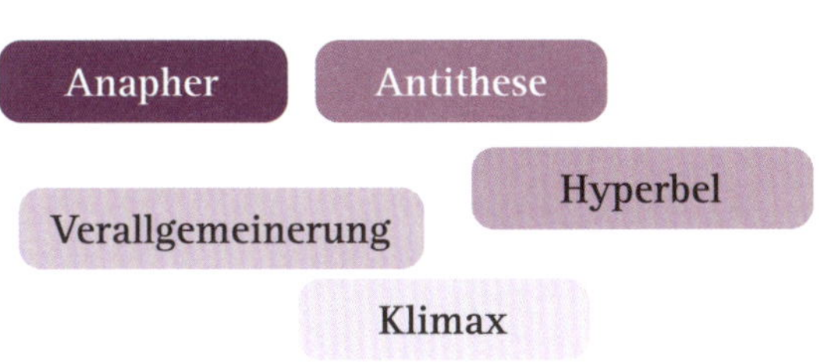

I3 Cäsars Selbstdarstellung

Vergleiche Cäsars eigene Begründung für den Überfall an der Arar mit den Kriegsmotiven der gallischen Adeligen. Welche Kriegsführung ist vor dem Hintergrund der Antike besser gerechtfertigt?

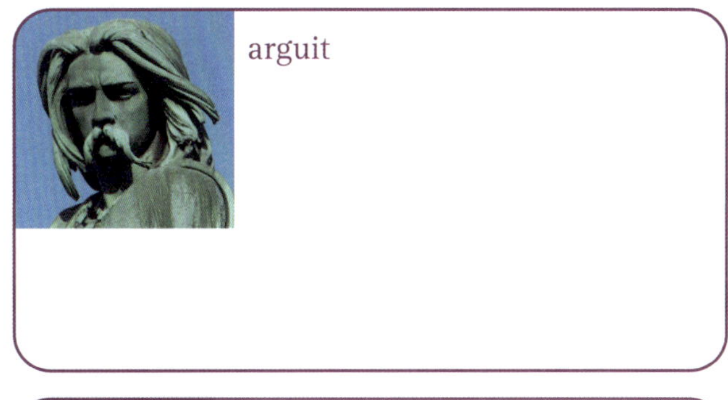

Text 6 Die Germanen

Nach dem „Gallierexkurs" geht Cäsar auf die Germanen ein. Sein Bericht ist die erste Information über diese Stämme in der lateinischen Literatur.

T1 Beschreibe die Darstellung der Germanen auf dem Bild. Finde Bezugspunkte in Cäsars Text.

Ab 1875 entwickelte die Firma Liebig als Werbung Sammelbilder zu unterschiedlichen Themen. Sie waren Vorläufer der Abziehbilder für Fußballturniere.

Vita omnis in venationibus atque in studiis rei militaris consistit: ab parvulis labori ac duritiae student. Qui diutissime impuberes permanserunt, maximam inter suos ferunt laudem: hoc ali staturam, ali vires nervosque confirmari putant. Intra annum vero vicesimum feminae notitiam habuisse in turpissimis habent rebus; cuius rei nulla est occultatio, quod et promiscue in fluminibus perluuntur et pellibus aut parvis renonum tegimentis utuntur magna corporis parte nuda. Agriculturae non student, maiorque pars eorum victus in lacte, caseo, carne consistit. Neque quisquam agri modum certum aut fines habet proprios.

Civitatibus maxima laus est quam latissime circum se vastatis finibus solitudines habere. Hoc proprium virtutis existimant expulsos agris finitimos cedere neque quemquam prope se audere consistere; simul hoc se fore tutiores arbitrantur repentinae incursionis timore sublato.

Ac fuit antea tempus, cum Germanos Galli virtute superarent, ultro bella inferrent, propter hominum multitudinem agrique inopiam trans Rhenum colonias mitterent. Nunc paulatim adsuefacti superari multisque victi proeliis ne se quidem ipsi cum illis virtute comparant.

venatio, onis *f* Jagd, Jagen • parvulus kleines Kind, Beginn der Kindheit • duritia Abhärtung • qui = ii, qui • impubes, eris Kind, nicht erwachsen • permanere bleiben • hoc dadurch • statura Wuchs, Größe, Gestalt • ali = alii • nervus Nerv • vicesimus, a, um zwanzigster • notitia Bekanntschaft, Kenntnis • occultatio, onis *f* Geheimnis, Verheimlichung • promiscue gemeinsam • perluere waschen, baden • pellis, is *f* Fell • reno, onis *m* Fell *(wilder Tiere)* • tegimentum Überwurf • agricultura Landwirtschaft • lac, lactis n Milch • caseum Käse • caro, carnis *f* Fleisch • consistere in bestehen aus • neque quisquam und nicht irgendeiner, keiner • victus, us m Nahrung • agri modus Abmessung des Ackerlandes • proprius eigen, persönlich • proprium *(eigentümliches)* Merkmal • vastare verwüsten • solitudo, inis *f* Einöde • virtus 🕮 • finitimus Nachbar, benachbart • fore = futuros esse • repentinus plötzlich • incursio, onis *f* Angriff •

Germani, Galli (*Völker: die Germanen und die Gallier)*

trans jenseits, auf die andere Seite • Rhenus Rhein *(Fluss)* • colonia Kolonie, Siedler • adsuefactus daran gewöhnt • comparare 🕮

T2 „Der Germane"

a) Lies dir den Text mehrmals durch. Benenne in fünf Schlagworten die Lebensbereiche, über die Cäsar spricht.
Erstelle mithilfe des Textes einen „Steckbrief" über den typischen Germanen für ein Referat (auf Latein 😁).

„(ille) Germanus (est)"

Bild eines Germanen einkleben oder zeichnen

b) Vergleiche das Bild, das Cäsar liefert, mit dem Sammelbild (→ S. 28).

Nenne Gemeinsamkeiten und Unterschiede.

T3 Erschließung der Zeilen 17–21

Zeige am Text, wie sich das Verhältnis von Galliern und Germanen im Laufe der Zeit geändert hat.

antea ... Galli ... (vor Cäsars Ankunft)

nunc (Galli) ... ne se quidem (nach Cäsars Ankunft)

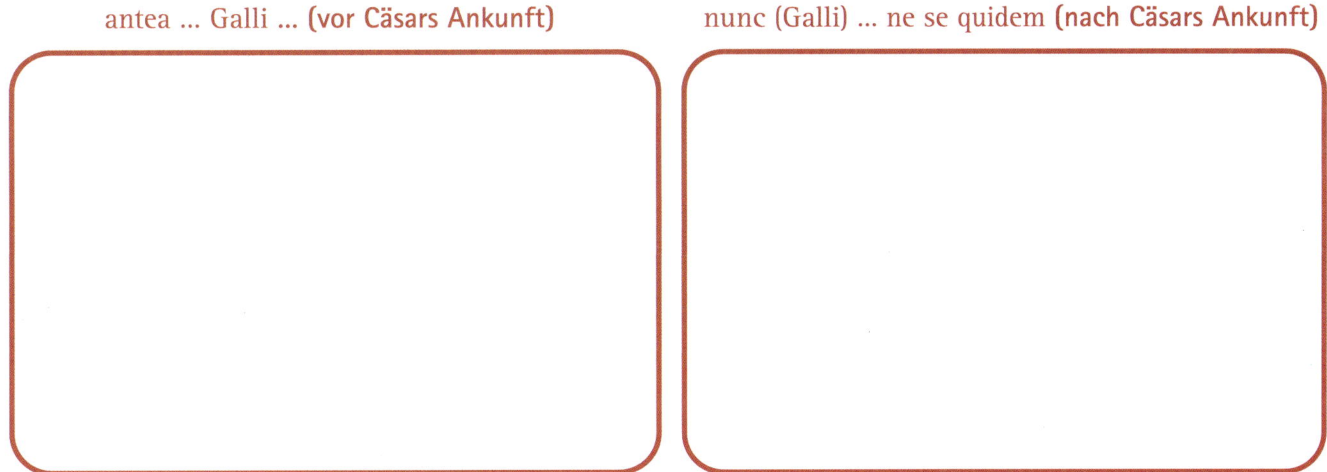

Ü1 Lateinquiz für Germanen

Noch während des Krieges entwirft Cäsar einen Test für die Germanen.

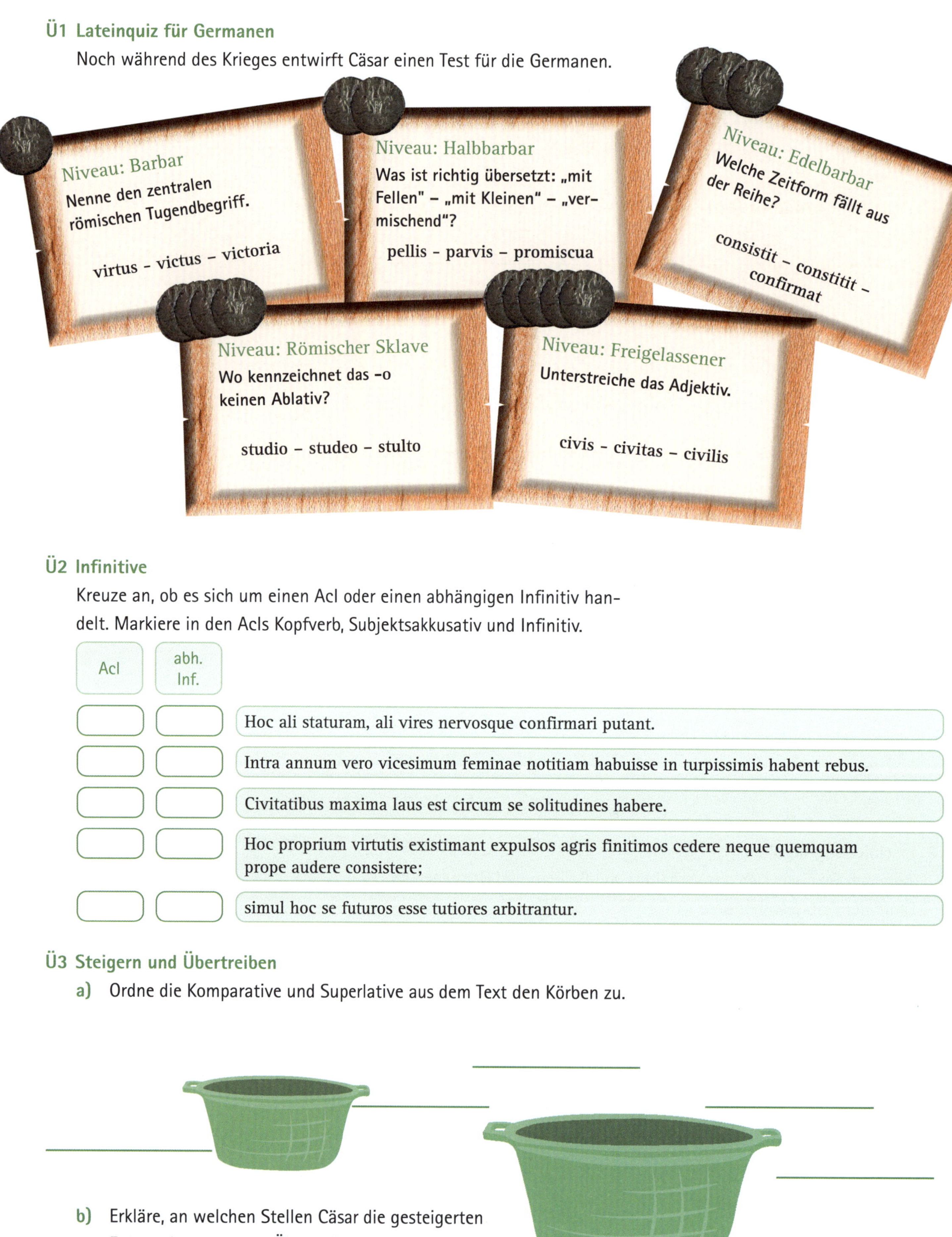

Ü2 Infinitive

Kreuze an, ob es sich um einen AcI oder einen abhängigen Infinitiv handelt. Markiere in den AcIs Kopfverb, Subjektsakkusativ und Infinitiv.

AcI	abh. Inf.	
		Hoc ali staturam, ali vires nervosque confirmari putant.
		Intra annum vero vicesimum feminae notitiam habuisse in turpissimis habent rebus.
		Civitatibus maxima laus est circum se solitudines habere.
		Hoc proprium virtutis existimant expulsos agris finitimos cedere neque quemquam prope audere consistere;
		simul hoc se futuros esse tutiores arbitrantur.

Ü3 Steigern und Übertreiben

a) Ordne die Komparative und Superlative aus dem Text den Körben zu.

b) Erkläre, an welchen Stellen Cäsar die gesteigerten Formen bewusst zum Übertreiben zu nutzen scheint.

I1 Cäsars Darstellung

a) Stelle nach den Gemeinsamkeiten (→ S. 28, T1) nun die Unterschiede zwischen Bild und Text dar. Arbeite heraus, was bei Cäsar im Mittelpunkt steht.

b) Agriculturae non student, maiorque pars eorum victus in lacte, caseo, carne consistit (Z. 9f.).
Bestimme die Stilmittel und erkläre, welche Aussage dadurch hervorgehoben wird. Finde zwei weitere Beispiele im Text!

Antike Ethnologie und Ethnografie

Bereits der griechische Schriftsteller Herodot, der „Vater der Geschichtsschreibung", interessierte sich für fremde Völker. So wie er werten auch andere antike Autoren aus der Sicht kultivierter Griechen bzw. Römer, für die andere Menschen Barbaren und damit unterlegen waren. Sie militärisch zu unterwerfen, schien legitim, da sie so Anschluss an die als fortschrittlich empfundene griechische und lateinische Kultur erhielten. Zum anderen übertrug man Vorurteile stereotyp auf fremde Völker. Wollten griechisch-römische Schriftsteller Fehlentwicklungen ihrer eigenen Welt anprangern, priesen sie die Lebenswelt von Fremden als das Paradies.

I2 Ethnografie oder Leserlenkung?

Positioniere dich auf dem Meinungspfeil und begründe, warum Cäsar über die Gallier und Germanen schreibt. Berücksichtige auch Text 1.

Cäsar ist ein Ethnograf ←··········→ Cäsar betreibt Leserlenkung

I3 Stereotype oder Realität: Sind alle anderen Barbaren?

Zur Zeit der Entdeckung Südamerikas schreibt Amerigo Vespucci über die dortigen Menschen:

Omnes utriusque sexus incedunt nudi. - Nec habent bona propria, sed omnia communia sunt. - Non sunt inter eos mercatores. - Populi inter se bella gerunt sine arte, sine ordine. - Victores victos comedunt. - Sunt studiosi piscaturae - Non sunt venatores.

Forschungen des Altphilologen Fehling führten zur Idee einer „liar school": Wer fremde Völker am Schreibtisch darstellen wollte, dachte sich etwas Sensationelles aus. Überprüfe dies.

Text 7 Vercingetorix

uduic 

52 v. Chr. waren die Römer die größte Macht in Gallien geworden. Doch unerwartet trat ein neuer Gegner auf: Vercingetorix aus der civitas der bisher neutral gebliebenen Arverner. Vercingetorix versuchte, dieses zu ändern.

Ibi Vercingetorix, Celtilli filius, Arvernus, summae potentiae adulescens, cuius pater principatum Galliae totius obtinuerat et ob eam causam, quod regnum appetebat, a civitate erat interfectus, convocatis suis clientibus facile incendit. Cognito eius consilio ad arma concurritur. Prohibetur ab Gobannitione, patruo suo, reliquisque principibus, qui hanc temptandam fortunam non existimabant. Expellitur ex oppido Gergovia. Non destitit tamen atque in agris habet dilectum egentium ac perditorum. Hac coacta manu, quoscumque adit ex civitate, ad suam sententiam perducit. Hortatur, ut communis libertatis causā arma capiant, magnisque coactis copiis adversarios suos, a quibus paulo ante erat eiectus, expellit ex civitate. Rex ab suis appellatur.

ibi *(im Gebiet der Arverner)* • Celtilli filius, Arvernus *Appositionen* • principatus, us *m* 🕮 • civitas, tatis *f* 🕮 • cliens, entis *m* 🕮 • facile incendere *hier* schnell Stimmung machen, durch politische Reden Unruhe erregen • ad arma concurrere *hier* die Waffen ergreifen • patruus Onkel • temptandam fortunam Text 3 Ü3 desistere (-sisto, -stiti, -stitum) von einer Tätigkeit ablassen, aufhören • in agris auf den Feldern vor der Stadt • dilectus, us *m* Rekrutierung • egentes, ium *m* die Armen • perditi, orum *m* die Verbrecher • ad sententiam perducere 🕮 •

adversarius der politische Gegner

Vercingetorix ruft viele weitere Stämme zu sich.

Omnium consensu ad eum defertur imperium. Qua oblata potestate omnibus his civitatibus obsides imperat, certum numerum militum ad se celeriter adduci iubet, armorum quantum quaeque civitas domi quodque ante tempus efficiat, constituit; in primis equitatui studet. Summae diligentiae summam imperi severitatem addit. Magnitudine supplicii dubitantes cogit. Nam maiore commisso delicto igni atque omnibus tormentis necat, leviore de causa auribus desectis aut singulis effossis oculis domum remittit, ut sint reliquis documento et magnitudine poenae perterreant alios. His suppliciis celeriter coacto exercitu ipse in Bituriges proficiscitur.

consensus 🕮

obsides imperare 🕮

certus numerus militum eine bestimmte Anzahl von Soldaten • armorum quantum quaeque civitas domi quodque ante tempus efficiat, constituit *ordne:* constituit, quantum armorum quaeque civitas domi et quod ante tempus efficiat • quantum 🕮 • domi *Adv.* in ihrem Gebiet • quoque ante tempus bis zu welcher Zeit • diligentia 🕮 • severitas 🕮 dubitantes diejenigen, die noch zögern • delictum 🕮 • igni atque omnibus tormentis mit Feuer und mit allen Arten von Folter • desecare (-seco, -secui, -sectum) 🕮 • effordere (-fodio, -fodi, -fossum) 🕮 • domum *Adv.* nach Hause • documento esse als Beispiel dienen

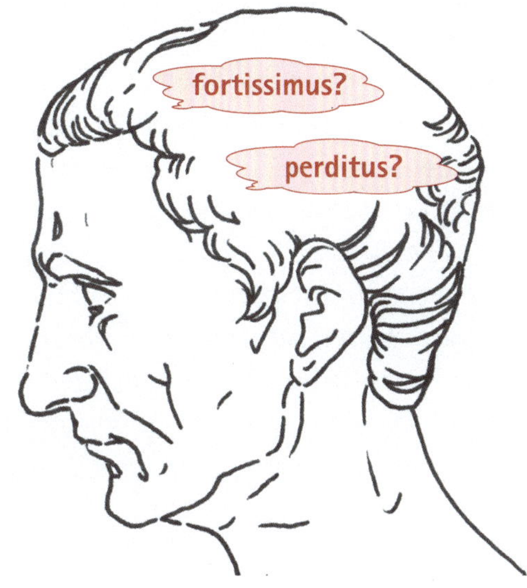

T1 Möglichkeiten, einen Gegner darzustellen!

Vercingetorix ist – zumindest laut Cäsar – der große Gegenspieler im Kampf um die Macht in Gallien. Versetze dich in die Gedanken von Cäsar: Wie würdest du diesen Gegner darstellen?

T2 Das Bündnis des Vercingetorix – Analyse der Prädikate

Untersuche das Handeln des Vercingetorix. Markiere die Prädikate im Text und trage diese in die entsprechenden Kästen ein.

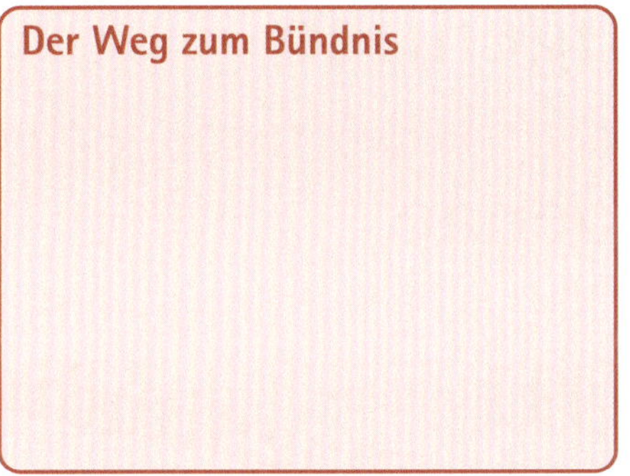

... Vercingetorix ruft viele weitere Stämme zu sich ...

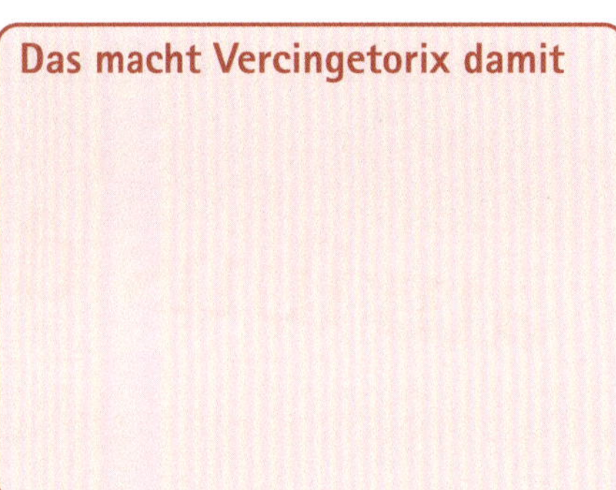

T3 Die Wortwahl in Cäsars Darstellung

a) Krieg und Politik gehen im Bellum Gallicum Hand in Hand – nicht nur bei Cäsar. Untersuche die Wortwahl des Textes. Ordne deine Beobachtungen nach Sachfeldern.

b) Man kann ab Z. 17 ein drittes Sachfeld im Text finden. Notiere dieses.

Sachfeld 1: Politik

Sachfeld 2: militärisches Handeln

Sachfeld 3: ______________________________

Ü1 Lange Sätze – nur mit guter Technik

Wende das Verfahren der Einrückmethode für Z. 1-4 an.

Übersetzungsmethode: Einrückmethode

Bei langen Satzgefügen (Hypotaxen) ist es oft hilfreich, sie vor dem Übersetzen nach der Einrückmethode darzustellen. Trage dazu den Satz in eine Tabelle ein: Ganz links steht der Hauptsatz, rechts davon der Gliedsatz 1. Ordnung, rechts davon der Gliedsatz 2. Ordnung etc.

Achtung: Manchmal wird ein Satz durch einen Gliedsatz unterbrochen, dann aber wieder fortgesetzt. Du merkst das daran, dass das Prädikat fehlt. (Beispiel → Text 1)

Ü 2 Die Gallier kommen in bunten Haufen – auch die Wörter

Notiere den Kasus mit Abkürzungen (G Genitiv, D Dativ, A Ablativ).
Achtung! Mehrfachnennungen sind möglich.

maiore commisso delicto

diligentiae

auribus descetis

poenae

igni

tormentis

imperii

magnitudine

Ü3 Dativ – nur welcher?

Kreuze an.

	Dativ als Objekt	Dativ des Zwecks
Summae diligentiae summam imperi severitatem addit		
ut sint reliquis documento		
neu suis sint receptacula		

Ü4 Kampf dem Chaos: Orientiere dich im Satz

a) Markiere die gesuchten Konstruktionen in den Satzteilen.

b) Notiere, worauf man beim Übersetzen achten muss.

Qua oblata potestate omnibus his civitatibus obsides imperat, certum numerum militum ad se celeriter adduci iubet, ...
(1x AcI, 1x Abl. abs.)

Summae diligentiae summam imperi severitatem addit; magnitudine supplicii dubitantes cogit.
(1x Dativobjekt, 2x Genitivattribut, 1x PPA)

I1 Vercingetorix – (k)ein Held?

Welche der Taten und Eigenschaften des Vercingetorix wirken auf einen römischen Leser vermutlich positiv, welche dagegen abschreckend? Ordne lateinische Begriffe zu und begründe auf Deutsch.

Positive Taten und Eigenschaften	Abschreckend für einen Römer

I2 Cäsar über Vercingtorix – ein neutraler Text?

Erörtere mit sprachlichen und inhaltlichen Argumenten, ob Cäsars Darstellung realistisch und glaubwürdig oder übertrieben und parteiisch ist.

I3 Ein Kurzbericht über die Taten des Vercingetorix

Im 19. Jh. galt Vercingetorix als Freiheitsheld. Noch heute bewundern ihn manche Menschen. Welche Inschrift würdest du auf dem Denkmalsockel des Vercingetorix anbringen?

Vercingetorix-Denkmal von dem Künstler Aimé Millet in Alise-Sainte-Reine (vermuteter Ort der Schlacht von Alesia).

Inschrift

____

____

____

____

6r9li

Vercingetorix hatte sich in Alesia verschanzt. Die Römer konnten seine Bergfestung nicht erstürmen und umschlossen sie mit einem Belagerungsring. Dies dauerte schon seit Monaten und nur die Römer konnten aus der Umgebung Nahrung beschaffen. Die einzige Hoffnung des Vercingetorix war ein Entsatzheer der Gallier, aber dieses dauerte. Erste Stimmen rieten bereits zur Kapitulation. Doch dann hält Critognatus, ein vornehmer Arverner, eine Rede.

Rekonstruktion der Belagerung von Alesia.

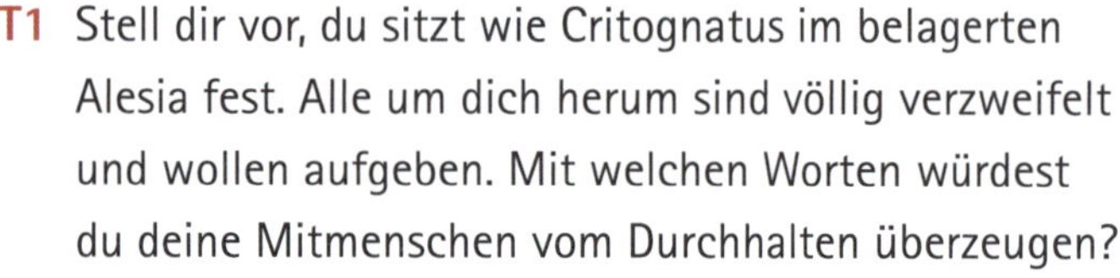
T1 Stell dir vor, du sitzt wie Critognatus im belagerten Alesia fest. Alle um dich herum sind völlig verzweifelt und wollen aufgeben. Mit welchen Worten würdest du deine Mitmenschen vom Durchhalten überzeugen?

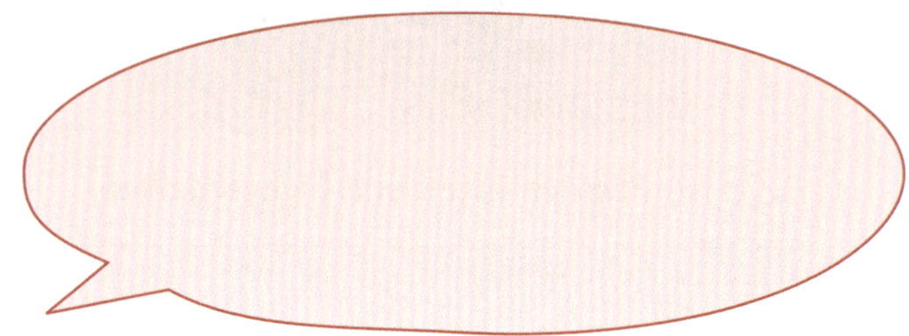

"Quid ergo mei consili est? Facere, quod nostri maiores nequaquam pari bello Cimbrorum Teutonumque fecerunt: Qui in oppida compulsi ac simili inopia subacti eorum corporibus, qui aetate ad bellum inutiles videbantur, vitam toleraverunt neque se hostibus tradiderunt."

Nach diesem Rat nennt er ein Beispiel aus der Vergangenheit:

"Depopulata Gallia Cimbri magnaque illata calamitate finibus quidem nostris aliquando excesserunt atque alias terras petiverunt; iura, leges, agros, libertatem nobis reliquerunt. Romani vero quid petunt aliud aut quid volunt, nisi invidia adducti, quos fama nobiles potentesque bello cognoverunt, horum in agris civitatibusque considere atque his aeternam iniungere servitutem? Neque enim umquam alia condicione bella gesserunt. Quodsi ea, quae in longinquis nationibus geruntur, ignoratis, respicite finitimam Galliam, quae in provinciam redacta iure et legibus commutatis securibus subiecta perpetua premitur servitudine."

Quid … facere, quod … Was ist nun mein Rat? Das zu tun, was … • nequaquam pari bello in einem Krieg, der völlig anders war • Cimbri, orum *m*, Teutones, um *m* *(germanische Völker, die 60 Jahre zuvor Gallien verwüstet hatten)* • Qui = maiores nostri • compulsi eingezwängt, zurückgedrängt *(PPP zu* qui*)* • subacti bedrängt, gezwungen *(PPP zu* qui*)* • eorum corporibus, qui aetate = corporibus eorum, qui aetate • inutilis = non utilis • videri scheinen • vitam tolerare *m. Abl.* sich ernähren von • depopulare vollständig verwüsten • Cimbri *Subj.* • aliquando einst • calamitatem inferre (-fero, -tuli, -latum) eine Niederlage zufügen • Romanus Römer • quid aliud … nisi was anderes … als • quos … cognoverunt, horum in agris … considere *ordne:* in agris horum hominum considere, quos cognoverunt • neque umquam niemals

in-iungere (-iungo, -iunxi, -iunctum) 🕮 • quod si wenn nun, wenn aber • longinquus weit entfernt wohnend • redigere (-igo, -egi, -actum) in provinciam zur Provinz machen • iure et legibus commutatis nach Änderung der geltenden Rechte und Gesetze • securis, is *f* Beil *(zum Hinrichten)*

T2 Eine Motivationsrede

a) Critognatus muss seine Anhänger motivieren. Lies den Text mehrmals durch und achte auf rhetorische Tricks (z.B. rhetorische Fragen oder Ansprache ans Publikum). Markiere markante Formulierungen im lateinischen Text.

b) Ordne den Personen und Personengruppen Namen und Verbformen zu.

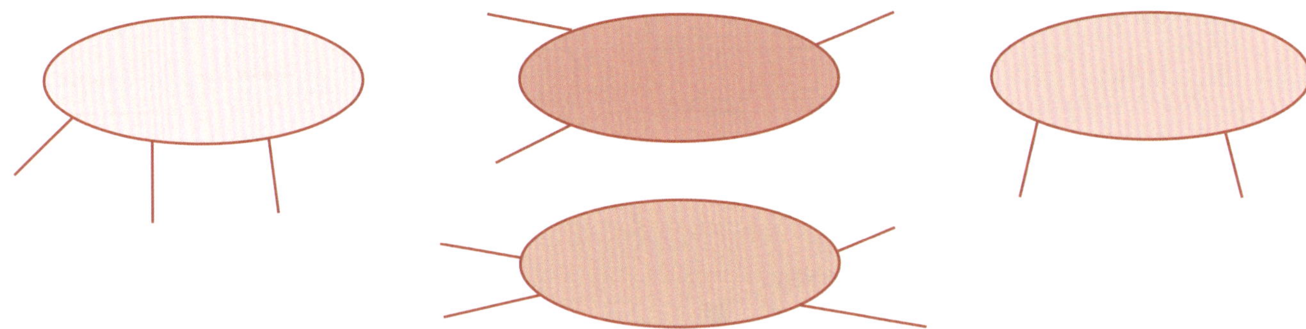

c) Markiere im Text vier Sinnabschnitte. Orientiere dich an Personen, Personalendungen und Tempora.

T3 Fact or fake? Hat das Critognatus wirklich gesagt?

Unter die Zuhörerschaft des Critognatus hat sich ein römischer Spion gemischt. Bevor er Cäsar Bericht erstattet, fragt er sich, ob er wirklich alles richtig verstanden hat. Überprüfe seine Mitschrift für den zweiten Teil der Rede (Z. 6 ff.) und korrigiere die Fehler.

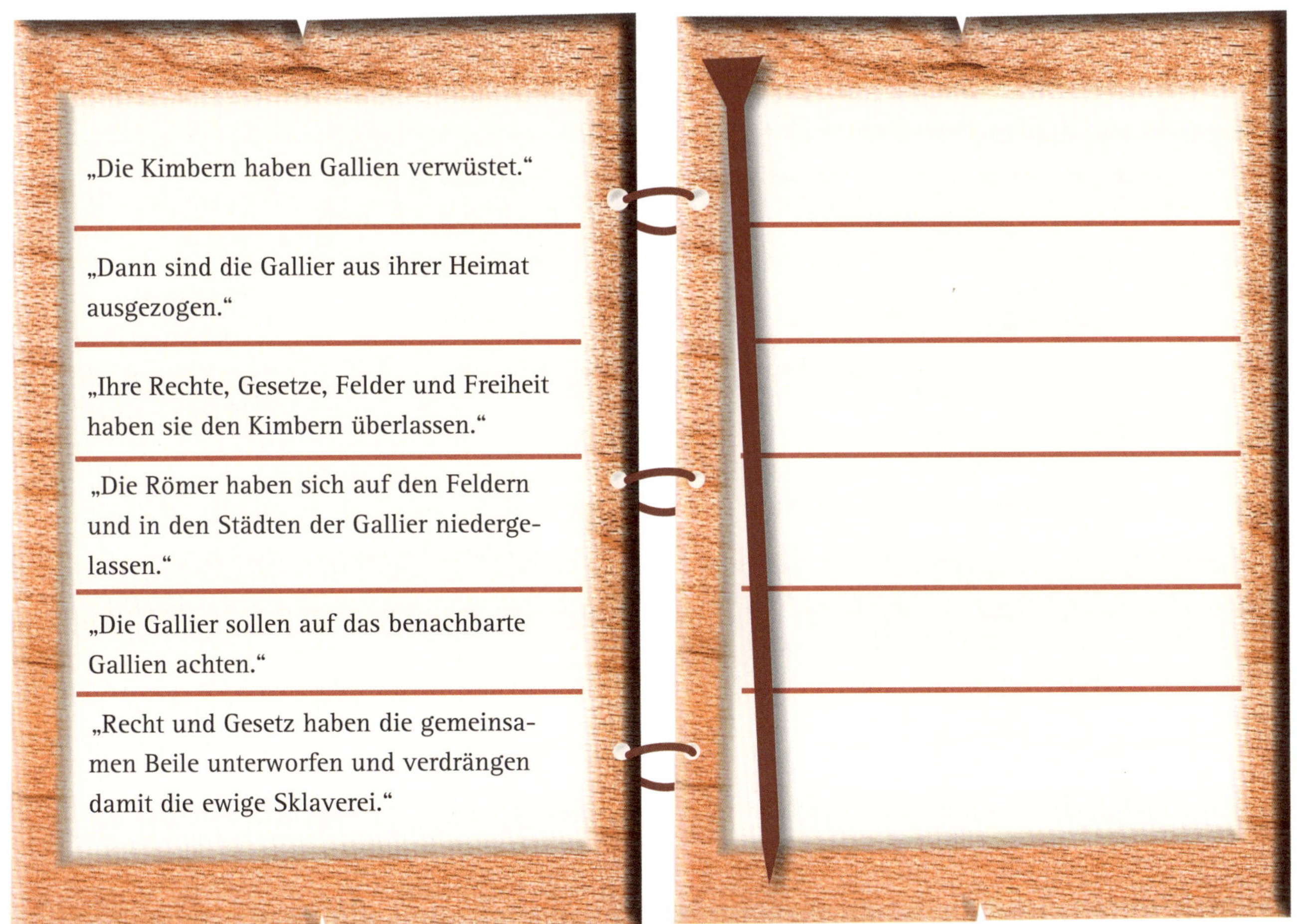

Ü1 Gegenteile

Nenne jeweils den Gegenbegriff auf Lateinisch und übersetze.

inutilis	—			—	pax
par	—		vita	—	
	—	inopia	posteri	—	
excedere	—		servitus	—	
ulla	—			—	mare
servitus	—		velle	—	

Ü2 Ordentliche Aufstellung!

Kreuze an, welche Verbform jeweils vorliegt.

	Imperativ	Präsens	Imperfekt	Perfekt
fecerunt				
videbantur				
tradiderunt				
volunt				
geruntur				
ignoratis				
respicite				

Ü3 Partizipialkonstruktionen übersetzen leicht gemacht

a) Probiere bei der Übersetzung aus, welche Variante den Sinn des Textes besser wiedergibt.

Romani ... adducti

wörtlich, nur Pc
Die Römer, veranlasst durch ...

Relativsatz, nur Pc
Die Römer, die durch ... veranlasst waren

Hypotaxe
weil / nachdem / als / obwohl die Römer ... usw.

Parataxe
Die Römer waren durch ... veranlasst worden und danach / dann /deswegen /dennoch

als eigenständiger Hauptsatz
Die Römer waren durch ... veranlasst worden. danach / dann / deswegen / dennoch

b) Übersetze nach diesem Muster die weiteren Sätze, die eine Partizipialkonstruktion enthalten.

I1 Was sagt Critognatus?

Analysiere, welches Bild Critognatus von den Galliern und von Römern entwirft.

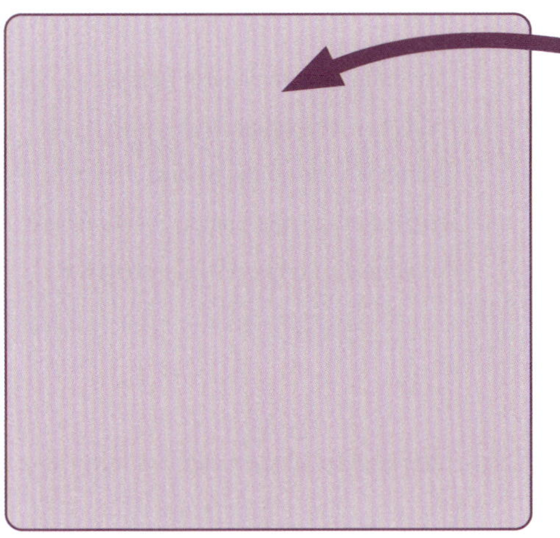

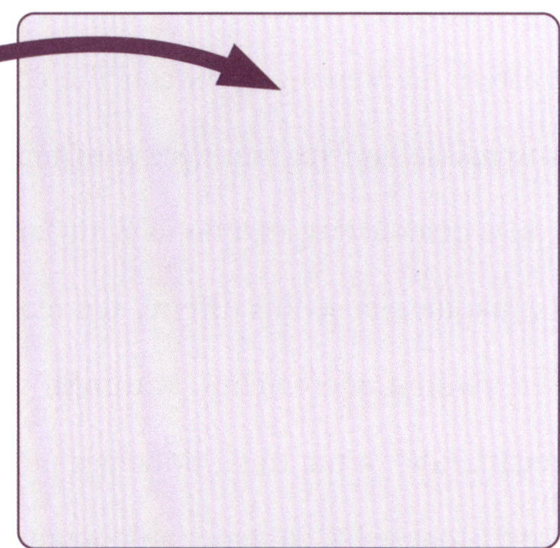

I2 Topos oder Wahrheit?

a) Was meint Critognatus in Z. 3-5, wenn er sagt: corporibus vitam toleraverunt ...?

b) Beschreibe die Illustration eines Briefes des Amerigo Vespucci und erläutere, inwiefern sich in ihr antikes Gedankengut finden lässt.

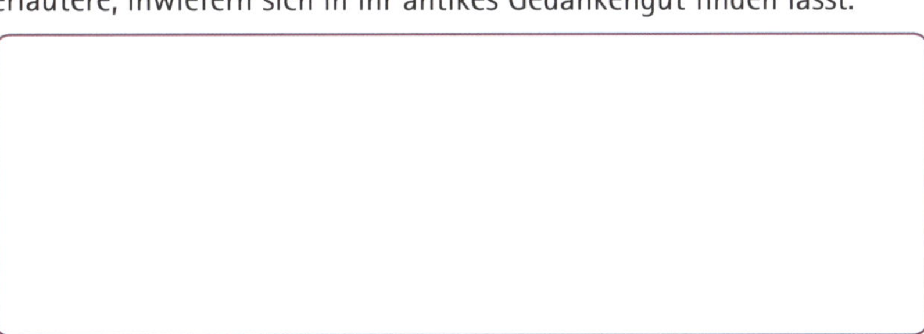

I3 Römische (Selbst?)Kritik

a) Markiere im Text die Kritikpunkte an den Römern.

b) Schreibe aus römischer Sicht eine Gegendarstellung!

Denar, 48-47 v. Chr., hergestellt in Apollonia (Albanien). – Nicht nur durch sein Buch macht Cäsar für sich Werbung.

I4 Lügenpresse! Lügenpresse? 

Stelle - z.B. aus einem aktuellen Wahlkampf - Beispiele für den heutigen Umgang mit Kritik und ihrer Abwehr zusammen. Vergleiche!

Obwohl die Rede des Critognatus den Widerstandswillen der Belagerten gestärkt hatte, endete die letzte Schlacht mit einem Sieg der Römer ...

Postero die Vercingetorix concilio convocato id bellum se suscepisse non suarum necessitatium, sed communis libertatis causā demonstrat, et, quoniam sit fortunae cedendum, ad utramque rem se illis offerre, seu morte sua Romanis satisfacere seu vivum tradere velint. Mittuntur de his rebus ad Caesarem legati. Iubet arma tradi, principes produci. Ipse in munitione pro castris consedit: eo duces producuntur; Vercingetorix deditur, arma proiciuntur. Reservatis Haeduis atque Arvernis, si per eos civitates recuperare posset, ex reliquis captivis toti exercitui capita singula praedae nomine distribuit.

concilium Versammlung • necessitas, atis *f* • sit cedendum Text 3 • et ... ad utramque rem se illis offerre *übersetze als weiteren AcI zu* demonstrat • satisfacere Romanis die Römer zufriedenstellen •

iubet *ergänze* Cäsar • ipse *ergänze* Cäsar • proicere = pro + icere • reservare = re + servare • si ... posset *hier* sofern er ... könnte • recuperare • caput, itis n • capita singula *Akk. Pl.* einen caput für jeden einzelnen • nomine • distribuere = dis + tribuere

T1 Wie entwickeln sich die Dinge nach der Niederlage?

Gliedere den Text. Orientiere dich dabei an Satzbau, Zeitangaben und weiteren Beobachtungen. Ordne den Textabschnitten Personen und Handlungen zu.

	Abschnitt (Zeile, Gliederungsmerkmale)	Subjekte	Prädikate
Z. 1			
Z. ...			
Z. ...			

Ü1 Indirekte Rede erkannt – Gefahr gebannt

Bei der indirekten Wiedergabe von Tatsachen und Meinungen werden der AcI und der Konjunktiv verwendet. Unterstreiche das Prädikat, markiere den A, den I und die Konjunktive in Z. 1-5.

direkte Rede	→	indirekte Rede
HS	→	AcI
NS	→	Nebensatz im Konjunktiv

Ü2 Achtung Irrläufer. Markiere die Verben im Passiv

a) deditur – cur – progredior - cucurrerunt

b) legati – tradi – etiamsi – exercitui

c) produci – duxi – procul - prodidi

I1 Der letzte Tweet des Vercingetorix ...

a) Fasse die Schlussworte des Vercingetorix für Twitter zusammen. Wähle ein lateinisches Wort als Hashtag.

b) Ausrede oder Heldenrede? Beurteile.

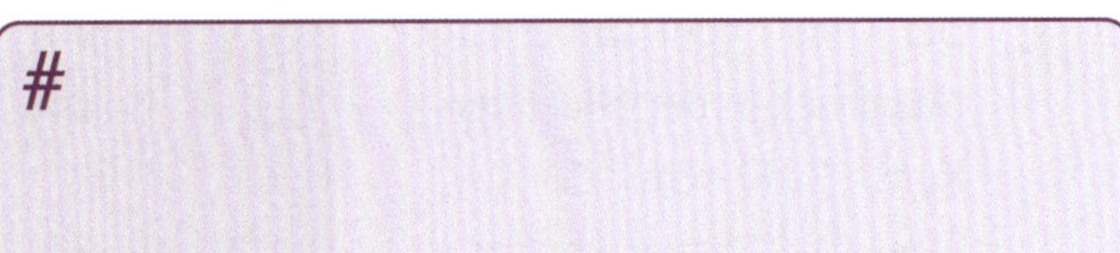

I2 Cäsar – ein bescheidener Sieger?

a) Cäsar hält keine Schlussrede. Vergleiche aber Text 1 mit Text 2. Beschreibe die Unterschiede in den Formulierungen und ihrer Wirkung.

Text 1 (Cäsars Formulierung)
Mittuntur de his rebus ad Caesarem legati. Iubet arma tradi, principes produci. Ipse in munitione pro castris consedit: eo duces producuntur; Vercingetorix deditur, arma proiciuntur.

Text 2 (alternativer Ausdruck)
De his rebus Galli legatos ad Caesarem mittunt. Caesare iubente Galli arma tradunt. Caesare in munitione consedente duces procedunt. Etiam Vercingetorix venit, arma proicit.

b) Erkläre, warum sich Cäsar für Text 1 entschieden hat.

____

____

I3 Drei Blicke auf das Kriegsende 

a) Vergleiche das Bild mit Cäsars Darstellung des Ereignisses.

b) Bewerte die Rezeption in diesem Gemälde. Beachte dabei die Herkunft des Malers!

c) Versetze dich in die Rolle des knieenden Gefangenen rechts unten. Was würde er in die Sammelfolie „Darstellung eines Krieges" eintragen?

Lionel-Noël Royer, Vercingetorix wirft seine Waffen zu Füßen Julius Cäsars, 1899 (Musée Crozatier, Frankreich).

His rebus gestis ... Cäsar in deinem Urteil

I1 Bellum Gallicum als Spiegel zeitloser Machtpolitik ...

a) Der Krieg findet immer auch Ausdruck in der bildenden Kunst. 2017 schuf der Streeart-Künstler Banksy das Bild „Civilian Drone Strike".
Beziehe Stellung zu dem Bild.

b) Fertige selber eine Bildcollage zum Bellum Gallicum an.

I2 Wahlkampf in Rom – Bellum Gallicum in der Diskussion

Dank der commentarii de bello Gallico ist Cäsar in Rom populär wie nie zuvor. Doch Cäsar ist nicht unumstritten, seine innenpolitischen Gegner sehen vor allem die Fehler, die er in Gallien gemacht hat.
Verfasse jeweils fünf Inschriften für die Partei Cäsars und für die gegnerische Partei des Pompejus Magnus. Benenne mit jeweils ein oder zwei markanten Sätzen die Leistungen bzw. das Versagen Cäsars im Gallischen Krieg.

Inschriften der Cäsar-Partei	Inschriften der Partei des Pompejus Magnus
1.	A.
2.	B.
3.	C.
4.	D.
5.	E.

I3 Cäsar als Schullektüre – ist das (noch) sinnvoll?

Was meint ihr Schüler dazu? Erstellt in Kleingruppen eine Pro-Contra-Debatte, ob die Lektüre von Cäsars Bellum Gallicum im Lateinunterricht sinnvoll gewesen ist oder nicht. Argumentiere inhaltlich und stilistisch. Stellt das Ergebnis in der Fachkonferenz Latein vor.

Bellum Gallicum – optime legendum!

Bellum Gallicum – numquam iterum legam!

I4 Wer war C. Julius Cäsar? Urteile!

a) Wer war Cäsar für dich? Kreuze erst für dich an und sammelt dann eure Ergebnisse!

Cäsar war für mich:

- ☐ ein Vermittler römischer Zivilisation im barbarischen Gallien
- ☐ ein skrupelloser Eroberer, der sich nur pro forma auf römische Tugenden berief
- ☐ ein Selbstdarsteller, der alles seinen Zielen unterordnete
- ☐ ein Machtmensch, der uns in der heutigen Welt ganz dringend fehlt
- ☐ ein genialer Schriftsteller, der spannend seinen Kriege darstellt und fremde Völker charakterisiert
- ☐ ein ....

b) Zu Beginn der Lektüre hast du die Cäsar-Statue vor dem Forum Julium in Rom gesehen. Sie wurde von Mussolini (1935) errichtet. Jetzt hast du die Gelegenheit, eine Erklärtafel neben der Statue aufzustellen.
Überlege:
Was sollte dort über Cäsar als Schriftsteller, Feldherr und Politiker stehen?

Ergänze die Lücken im Ablauf und auf der Karte.

1. Jahr: ______________________

____

Krieg gegen den Sueben Ariovist.

2. Jahr: ______________________

Der Legat P. L. Crassus besiegte die Stämme in der Normandie und in der Bretagne.

3. Jahr: Krieg gegen die Veneter. Cäsars Legaten kämpften in der Normandie und in Aquitanien.

4. Jahr: Krieg gegen die germanischen Stämme der Usipeter und Tencterer, die den Rhein überschritten hatten. Rheinübergang / Britannienexpedition

5. Jahr: Zweite Britannienexpedition

____

____

6. Jahr: ______________________

____

____

____

7. Jahr: ______________________

____

____

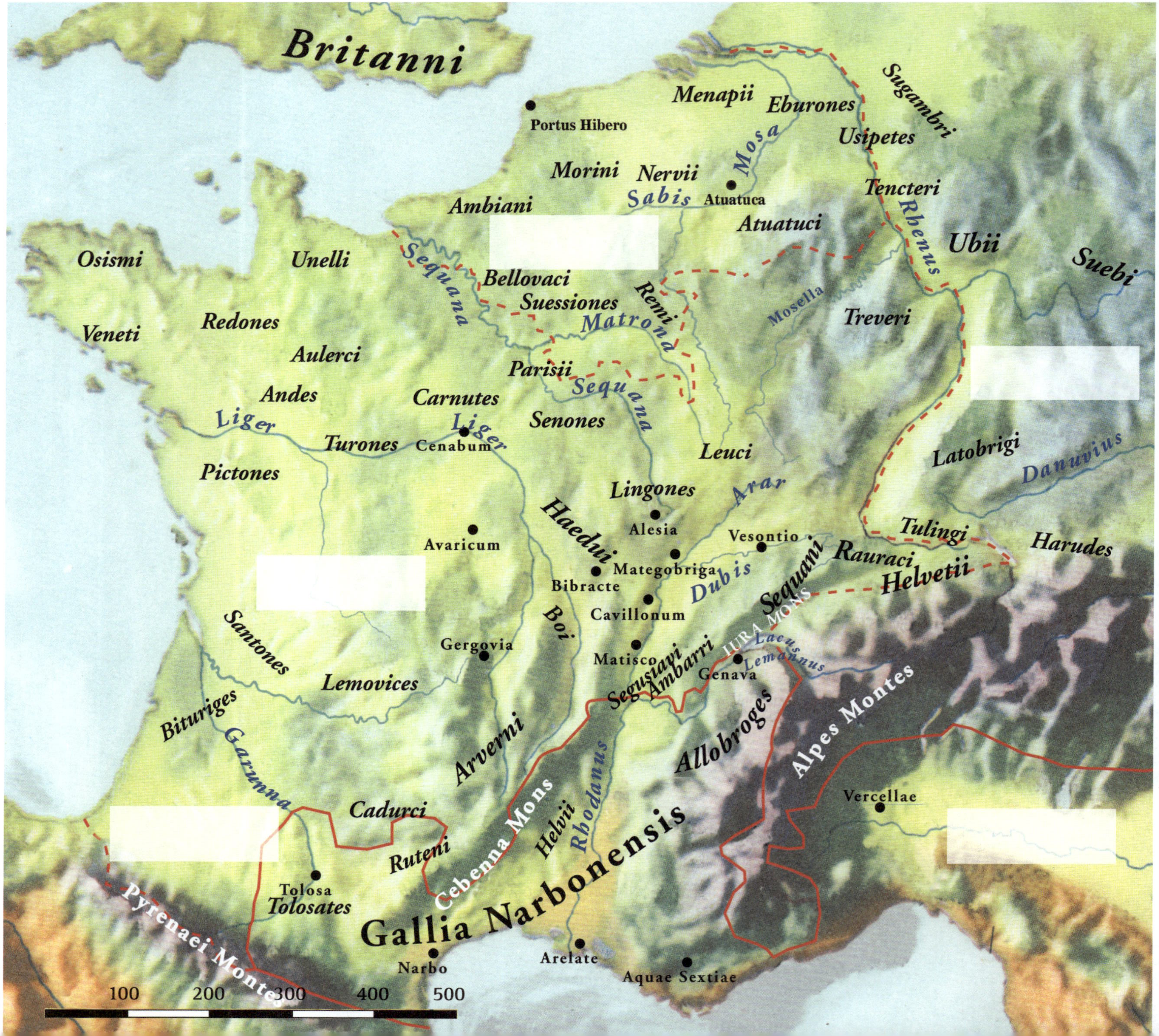